おこなってみて判る。
なんと、難しいことだと。
無意識に力が入る。
いつの間にか、足して、
たまに、
力が抜けた時、引いてみ
なんと心地よいのだろう。
残りの人生、新しい挑戦、だ。

JN001149

小鹿 涼

MAGAZINE FOR A MAN CONTINUE TO CHALLENGE

STEPPIN' OUT!

挑戦し続ける大人たちへ

DECEMBER 2020 VOLUME 15

堤 真一　黒沢 清×蒼井 優　升 毅　豊原功補　小泉今日子　中村獅童　井浦 新

これまで
力を入れて生きてきただろう。
足すことだけを考えてきただろう。
が
今は
誰もが強制的にリセットさせられている。
ならば
力を抜くことを試してみよう。
引いていくことを想像しよう。

画・早乙女道春

堤真一

撮影　KINYA OTA（MILD）　スタイリング　中川原寛（CANN）
ヘア&メイクアップ　奥山信次（Barrel）　文　松坂愛

生きがいだとか、生きる目的、生きている意味……それを求めて人は生きていくんだってこと、誰が言い出したんだろう。それがなければ価値がないものだと社会が決めつけ過ぎていないだろうか人は何を望み、何を信じるのか。それはたとえ長く時間を共有してきた家族であろうとも、「望み」や「信じるもの」が同じだとは限らない。それぞれがただ1人の人間であり、寄り添うことはできても踏み入れられない境界線が存在するのだと、映画『望み』を観てさらにその想いが膨らんだ。堤真一が演じたのは、自ら設計した邸宅に暮らし、誰もが羨む理想的な家族の大黒柱である主人公の建築家・石川一登。幸せに見えた石川家だが、無断外泊から帰らない高校生の息子・規士（岡田健史）が同級生の殺人事件との関与を疑われたことをきっかけに大きく揺らぎ、家族間で「望み」が交錯していく——。「脚本を読んだ時点で、これは相当難しい役だと思いました」というほどの難役ながら、そこに映る父親の葛藤は自分自身と隣り合わせにあるもののように現実味を帯びていて、しばらく胸のざわつきが収まらなかった。堤はこの作品を通し、何を想ったのだろうか。

あなたたちの生活に1ミリも変化は起きないだろうに、どうして家族も含めて叩くことに生きがいを感じるのか。人間って恐ろしいなと思います

―― 今回の作品で演じられたのが、主人公の石川一登という役で。表に感情を出すような父親ではない分、表情や仕草だったり、繊細な部分での表現が求められるところがあったのかな？と。

堤 最初、僕の中では、表現として、激しい感情を出せるところは出していこうと思っていたんです。でも、（妻・貴代美を演じる）石田（ゆり子）さんや子どもたちとお芝居をやっていく中で、そういう父親ではないんだなということが分かってきました。感情的な部分で自分に近づけ過ぎていたんですよね。こういうキレイな家、僕も理想は理想なんですよ。ただ、僕だったら息子があんな反抗的な態度を取ったらシバキ倒すし（笑）。「なんかあったろ、ちゃんと言え」という風に詰め寄りますね、絶対。でも全体的な流れが見えていく中で、「あ、この人はそういうことはしないんだ」と分かってきました。そうなると「表現」という世界から完全に閉ざされてしまうような状態になって、本当に難しかったですね。感情をもろには表現しない人物ですし、してはいけなかった……だから……こんな言い方は誤解されてしまうかもしれないですけど、演技した感というか、〝芝居をやった感〟があまりなかったんです。終わった時に役柄から〝解放された感〟は感じましたが、撮影中はこういう風に表現しようとかは、もう考えていませんでした。現場に行って、どんどんやつれていく石田さんの傍らに僕もいた感覚というか。でもカメラが回っている時以外はなるべく楽しくしていたいから、セットの裏側に雑誌の『暮しの手帖』がいっぱい置いてあったので、それを見ながら「これ、いいですね！」みたいな話をなるべくみんなでしていました。最初に自分が描いていたイメージとは違う形の役作りになったとは思いますが、でもそれをやり通せたのは本当に周りの役者さんや監督、カメラ

マンさんなどスタッフさんのおかげだと感謝しています。いやぁ、それにしても難しかったですねぇ。

――もし堤さんが劇中のような父親の立場となって事件に遭遇したら、どんな想いを抱くと想像されますか？

堤　どうなんでしょうね。「望み」というより、もしかしたら僕は後悔ばかりが膨らんでくる気がします。こういう育て方がダメだったんじゃないかとかこういう部分を野放しにしていたんじゃないか、自分の接し方はどうだったのかとか。それは普段でも思うんですよ。実際の子育ての中で、ちょっとした時に感情的に怒ってしまったとしたら、この子の将来にどう響くんだろう？と考えてしまうんです。だからこの作品のような場合……誰よりも早く息子を自分の手で探し出して、ぶちのめしていると思います（笑）。自分の責任だと考えてしまうと思いますね。

――社会的に信用を失ってしまうかもしれない、ということも恐れてしまうと思いますか？

堤　それは気にするかもしれません。この作品でも、その社会的信用についての描写があって、（清原果耶演じる）長女・雅の方は「加害者だったら困る」という言い方もします。社会って、もちろん昔ながらの近所の助け合いもありますが、反面、家族までも犯罪者扱いする傾向が強くあって、本来はもっと切り離して考えるべきだと思いますけどね。何かが起こったらすべてを否定されてしまい、親や家族が離散しなければならない状況にもなるというのはちょっとおかしいのではないか？という投げかけがこの作品には含まれていると思います。責め立てるあなたたちの生活に1ミリも変化は起きないだろうに、どうして家族も含めて叩くことに生きがいを感じるのか。人間って恐ろしいなと思いますよね。

――石川家もまさしく、まだ事件の真相は分かっていないのに、犯罪者の家族という目で周りから見られてしまったり。ああいう場合は、どのように切り抜けるべきなんだろう？と。

堤　この作品のように、自分自身の話じゃなく、子どものことだったら、どちらにしろ本人が見つからない限り解決しない問題でもあって。だからそれだけを考えていたら頭がおかしくなるだろうし、きっと、家族同士で争いが起きるでしょう。僕だったら、毎日、酒を飲んでいるかも（笑）。

――今、コロナ禍の最中で人との距離ができて。だからこそ家族や、身近にいる大切な人のことが見えてくるというか。それぞれが自分の家族や生き方、仕事を振り返るきっかけにもなったんじゃないかなと感じていて。その中でこの映画に触れたことで、より一層そこについて深く考えられたように思います。

堤　人と人でコミュニケーションを取ったりスキンシップをすることも大事だ、と言っている時に、それを真っ向から否定するような病気が流行してしまった。僕はコロナで緊急事態宣言が出たことで、仕事もほとんどなくなって家にずっといたのですが――不謹慎に聞こえるかもしれませんが、それから仕事をする気持ちがなかなか起きなくなってしまって（笑）。子どもたちと一緒にいられて、その成長をそばで見ていられるし、家族といることが楽しくて、楽しくて。これまでは仕事が忙しかったので、こんなに長く一緒にいることがなかったんですよね。そうなると僕にとって大事なのは、家族といることだって改めて思いました。それから色々と考えたんです。もし収入がなくなったら、じゃあ、安いアパートにでも引っ越せばいいじゃないかとか。田舎で暮らすこともできるし、生きて行く道なんていくらでもあるんじゃないかと。「コロナめ」と思うことはありますが、僕は子どもとずっと一緒にいられたことが良かったなと思いました。今も「あれ、何で仕事をしているんだろ？」ともう1人の自分が言っていますから（笑）。今日も少しでも早く帰りたいですもん（笑）。

――（笑）それでもやはり色々な役のオファーがあると思うのですが、堤さんはこのタイミングで役者についてはどのように考えていらっしゃいますか？

堤　最近、このコロナのせいもあって……役者の仕事って実は普通じゃないなと思うことがあります。人間は自分の精神と自分の心をなんとか一致させようとするけど、役者という職業はそこが元々、解離しているんですよね。何かの矛盾が常に自分の中にある中、他人というものを演じなくてはいけないというのは、実は不思議な世界です。でも、そこに何かしらの答えや評価があったり、監督からの要求もあったりもして。やっぱり自分の中に歪みも生まれてきます。「普通」とは言えないんですよね。だからこれから先どうこうというより、自分のバランスが崩壊してしまったら何も意味がないと思うので、役者を続けるためだけの仕事ではなく、これから自分が生きていく上で、これはやるべきだとか、心底やりたいと思う仕事を選んでいきたいと思うようになりました。別に深く悩んでいるというわけではないですし、もしかしたらこれから先、考え方が変わるかもしれないですけど。

――人って気づくと必死に新しいものを求めがちだとは思うんです。でも実は大事なものは自分の周りにすでにあって。そういう新しいものへの欲が強かった時期は、どこかのタイミングで堤さんにもありましたか？

堤　これまで新しいものとかいろんな役に挑戦したい、同じようなことをやるのは嫌だという想いはありました。仕事をあまり選び過ぎているとなくなっちまうぜ、というところもあったし。でも最優先すべきはそこじゃないなと。最近、思うのが、生きがいだとか、生きる目的、生きている意味だとか、それを求めて人は生きていくって、誰が言い出したんだろう、と。それがなければ価値がないものだと社会が決めつけ過ぎていないだろうかって。人間は働いて、その稼ぎの大小で価値が決まると。でも、人間って、今よりも上の生活に憧れていたり、実はみんな働かずして暮らせることを望んでいたりもするんです。そして日々の中で、美術を愛し、音楽を愛する生活を理想としているとも思うんです。一方で、働かざる者食うべからず、という厳しい考え方もある。もうそこは堂々巡りになっちゃうんですけど。人間の価値って、誰がどういつ決めたんだろうなって考えるようになりました。自分自身も、働いてちゃんと収入がなければ子どもたちに顔向けできないと思っているところもありますが、でもそんなことより家族や仲間たちと泣いたり笑ったりしながら、一緒にいることの方が大事じゃないの？とも最近は思ったりしますね。

――この映画を通し、それぞれが持つ「望み」にはいろんな想いが潜んでいるんだなということも改めて知りました。犯人であっても戻ってきさえすればと願う母親と、決して息子は犯人ではないと信じる父親。家族ではあるけれど、「望み」には差があって、必ずしも同じではなくて。

堤　この作品の中で、一番ハッキリとしているのは父親と母親のものの考え方の差ですよね。父親はある種の社会的な立場も考えつつの信じ方。社会的なこととか、あいつの性格でそんなことはしないと信じている。それは彼のためを思ってなのか、自分のためなのか。今後生きていくための仕事のことも考えているだろうし、高校受験を控えた娘のことも気がかりだし、この先どう暮らしていくんだということも考えたりする。でも母親はそんなことはどうでもいいから生きていてほしい。その姿を見たい、どんな形でもいいから生きていてさえくれれば、彼と話をすることができるからと。きっと加害者側だったとしても、彼の中ではどうしようもない理由があったって信じたいと思っている。そこのところが男の人と女の人で全然違うんだなと思いました。息子は人を殺めるような人間ではないと、父親が息子の無実を信じることは、同時に彼の死を認めることになってしまう。そういう意味では母の愛は深いなと。母親の愛情の広さって、すごいんだなと思いますよね。

――堤さんは、この映画の撮影時について、「実際、撮影現場に入ってみると、中高生の子どもたちが自分の子どもとして、とても愛おしく思えた」とコメントされていましたけど、岡田さん、清原さんをそう思えたきっかけというのはどういうところにあったのですか？

堤　2人ともとても素直で……岡田くんは、清原さんよりまだ少年みたいな空気がありました。映像では反抗期の男の子を演じているから、男っぽさが滲み出ている部分があるのですが、普段は本当にまだ小学生みたいなところがどこかあるんですよ（笑）。今、一生懸命大人になろうとしているというか。でも変なツッパリ感はなくて。変な言い方ですが、実際の年齢からすると、見ていてすごくかわいいんですよ（笑）。自分も子どもがいて娘ではありますけど、こんな素直な子に育ってほしいなと思うくらいです。反対に、清原さんはまだ10代なのに一番しっかりしていました。でもこまっしゃくれた感じじゃなくて、とにかくかわいいんですよ。それがすごく大事な要素なんです。なんだこいつ？と思っていたら芝居も変わってしまうし。ほぼ順撮りでできたということもあって、役としてという以上に、自然と僕も石田さんも子どもたちに強い愛情を持てた流れがあって、とてもありがたい環境で撮影ができたと思います。

――映画では、子どもたちの意志を節々に感じました。子どもだけれど、家族だけれど、1人の人間であるというか。

堤　そうですね。たとえ親子といえど、他人なんです。他人というのは、よその者というより、個体であって自分ではないということ。それが自分自身の子どもでも、自分の一部でもないし、所有物でもなくて。ただ親は育てるという義務がある。一人前になったら、その時はもう自分で出ていくだろうし、こちらから押し出さなきゃいけないこともあるだろうし。その後のことは知らん、というか（笑）。一人前になった後は、自分たちで選択していく。多少は寄り添うことがあったとしても、その先のことはそれぞれが考えて生きていくことであって、そこからは親でも介入できないんだって、介入しちゃいけないんだって思いますね。

『望み』
監督／堤 幸彦
原作／『望み』雫井脩介〈角川文庫刊〉
出演／堤 真一、石田ゆり子、岡田健史、清原果耶、加藤雅也、市毛良枝、松田翔太、竜 雷太、他
10月9日より全国公開

黒沢 清×蒼井 優

撮影 小林光大 スタイリング（蒼井）岡本純子（Afelia）
ヘア&メイクアップ（蒼井）草場妙子 文 松坂 愛

（蒼井）トップス（13,800yen）／ミディウミソリッド（マーコート デザインアイ 代官山店 tel.03-6427-0738）
スカート（39,000yen）／TARO HORIUCHI（MATT. info@the-matt.com） ※共に税別

実はどの時代にもみんなが思う「こうだ」というスタンダードがあると思っています。常に自分はそれと同じなのか、いや、自分は違うと、自分というものを別のところに規定するのかという葛藤がある（黒沢）

1940年、太平洋戦争間近の日本――自分自身が思う「正しい」を貫くことは決して容易いことではなかった。ふと本音をもらそうものなら、それまでの日常が崩れてしまう可能性すら秘めている時代。そんな異様な緊迫感の中、自らが信じる正義を、愛を守ろうとした人のエネルギーは気を抜くと、のみ込まれてしまいそうなほどの熱量を帯びていた。それに直面した感覚があったのが、映画『スパイの妻』での蒼井 優を観た時だ。演じたのは、反逆者と疑われる夫・福原優作（高橋一生）を信じ、スパイの妻と罵られようとも愛する夫とともに生きることを心に誓った聡子。儚げで可憐なのに狂気をはらんでいて、黒沢 清監督の言葉を借りるなら「なかなか理解するのが難しい驚きの人物」である。けれども観終わった今も、聡子の行く末が気がかりでならないのはそう遠くない人物に思えたからだ。この夫婦から見えてきたものとは？ 黒沢監督、蒼井の対談を進めた。

未来を考える大人たちの幸せ、というのは何なのか？というのを、ずっと考えています（蒼井）

――お2人は3度目のタッグとなりますが、今回、蒼井さんは主演という立場で監督の現場に臨まれて、改めてそこでどんなことを感じられましたか？

蒼井 やっぱり緊張しちゃうなということです（笑）。あと、黒沢監督が求められるお芝居は、とんでもなく難しいということを痛感する時間でした。私の中で監督は特殊で。「これはこういうことなんですか？」と答え合わせをするのも野暮な気がするというか。「こうですよね」と分かり切ってお芝居をすることが正解なのかも分からないけど、何だかずっとドキドキ、ワクワクしているという感じがありました。

黒沢 本人の前でこちらの種明かししちゃうのは野暮ですけど――蒼井さんのおっしゃる通りなんですよ。僕には、正解がないんです。僕が何か正解を持っていて、合っているかどうか照らし合わせることはなくて、出してきたものが正解といえば正解で。「あぁ、こうするんだ」と。そこから「だったら、もう少しこうしてみよう」と僕が何か思いつくこともあるんですけど。最初にご一緒させていただいた時から、この人はすごいというのが分かっていたので、蒼井さんがどうされるかが本当に楽しみで。この難しい芝居、僕にはさっぱり分からないけれど、どのようにこれを消化し、自分のものとしてスッとやっていただけるのかという心持ちでいたんです。だから「これはどうでしょう」と、見せていただけるのが本当に楽しい現場でしたね。今回は僕が書いたものではなく、濱口（竜介）と野原（位）が書いたセリフがまたハードルの高いもので。ですが、最初にお会いした時に「この脚本が何を狙っているのか、お分かりですか？」と訊いた時に、蒼井さんがすぐ「分かります」と答えた瞬間、それでもうすべてクリアしたと思いました。それにしても、よくぞあんな難しいセリフ、難しいキャラクターをさも昔からやっていたかのように平然と、毎日スラッと演じて見せてくれて、驚嘆しました。

――蒼井さんの中でもいくつか提案していく、というのは思っていらっしゃったのですか？　ふと涙を流すシーンも、脚本には書かれていなかったと伺いました。

蒼井　一生懸命やっていたので、何が正解かが分からないんですけど、その時も私の中では「泣く」と書いてある気がすると思って（笑）。「そっか、書いていなかったのか」と。演じているうちに単純に思い込んでいただけで、それぐらい自分がいっぱいいっぱいだったんだなと。書いていないことを提案した記憶がないんです（笑）。

黒沢　書いていなかったよ（笑）。でも、そこは驚かないと言うと変な言い方ですけど、「なるほど、そういう風な表現もあるんだな」と思いました。ですから、「ここまでいけます」、「ここまでいけるけど、抑えましょうか」という提案のように感じていましたね。提示をしながら、こちらが「もうちょっと抑えてください」というと、「分かりました」と抑えることもちゃんとできる。まさに理想的な俳優です。

――蒼井さんご自身は台本を読まれた後、最初に湧き上がってきた気持ちはどういうものでしたか？

蒼井　幸せって何だ、ということです。観終わった今もふと考えるんですけど、未来を考える大人たちの幸せ、というのは何なのか？というのを、ずっと考えていますね。

――何を正義として、何が幸福なのかというのはまさしくすごく考えさせられました。聡子が「私は正義よりも幸福を取ります」と言っていたシーンも印象的で、正義と幸福は相反する場合もあるんだなと。

蒼井　本当に。正義と幸福は、一緒にはなれないのかと思いますよね。

――それでも優作もそうですけど、自分の芯を持って進むところがあります。

黒沢　優作のキャラクターは、僕が男だからかもしれませんけど、まだ頑張れば書けるかもしれないんです。けれど、聡子のキャラクターはね、濱口と野原が書いたものを最初に読んだ時、なんだこの人は？と思って。一生懸命、理解をしようとしつつ、よくこんな人を思いつくなというくらいビックリの連続で。この時代の日本の女性で、自分自身が駆け引きをして策略を巡らせていくのは相当なもんだと思いますね。「正義より愛情を取ります」と、夫までも罠にかけようとする凄みと言いますかね。だから「聡子はどういう人なんですか？」と問われると僕も答えに窮したかもしれない。それでも蒼井さんだったらなんとかしてくれるだろうと。

蒼井　私自身もこれで良いのかなというのはずっとありました（笑）。でも監督がこれでオッケーとしている本が目の前にあるから、それ通りに演じていくという。私は足していくお芝居が苦手なんです。足していくことって恥ずかしいから、引いていく方がいいんですよね。だから、1回バンッとぶつけてみて、良いところまで下げていく、という作業をしていました。ただ、とにかくあまりにも聡子という人間が勢いで突き進んでいくから、私自身も演じておきながらついていくのに必死で。実はものすごく激しいキャラクターなんですよね。

――聡子の凄みはすごく感じました。本作は何か1つの発言をするだけで今までの日常が崩れてしまう、という部分が描かれていて。みんな同じ方向を向いていないといけない。今もそれはあるかもしれないんですけど。

黒沢　僕は現代でもそうですし、実はどの時代にもみんなが思う「こうだ」というスタンダードがあると思っています。常に自分はそれと同じなのか、いや、自分は違うと、自分というものを別のところに規定するのかという葛藤があって。現代でも必ずあるのですが、表面的にはみんな自由で何をやってもいい。ですが、よくは見えないけれど、実は規律、制度みたいなものがある。だから現代でドラマを作る時にも、社会の制度と個人というものの対立を無視することはできません。ただ影に隠れている分、映画としてそういう対立を表現することはものすごく難しい。その点、戦時下という時代設定だと、規律や制度が露骨に目に見えるというのがあって、個人の自由と不自由を様々に表現できました。たった今はね、街に出て驚くのですが、マスクをしているか、していないか、目に見えるんですよね。ずっと隠されていた国家が押し付けてくる制度に自分が従うのか従わないのかという葛藤が、今マスク1個で表現される。こんなに分かりやすい世の中になっているというのは驚きです。僕たちはどうすればいいんでしょうか。

――人との関わり合いだったり、1つの発言で何かが壊れてしまうという緊張感はお持ちだったりしますか？

蒼井 大人になればなるほど、自分が何か言ったことに対して言ってもらえなくなるじゃないですか。子どもの頃は「その発言は好きじゃない」とか「嫌い」と言われて、これは言っちゃいけないんだと学んでいく過程があったけど。もし何か言われる側の場合は、その一言ちょっと傷つくわと思いながら、最終的には言った側じゃなくて良かったとどこかで自分を慰めるんですけど。でも相手を傷つけることを言っている可能性もある。もし何か言っていたとしても、「嫌だ」とはなかなか言ってもらえないし、気づけないままその人と関係がなくなっちゃうのが怖いから、そこは気をつけるようにしています。人を傷つけたいわけじゃないから。

黒沢 僕ぐらいの年齢になると人は何も言わないという前提ですね。何かを思っていても相手がそのまま言ってくれることはなく、自分で判断するしかない。人が何か言ってくれるかもしれないと思っていた時代が懐かしいです。

蒼井 奥さまは？

黒沢 あ、そうか。言うんですよ、これが（笑）。うちの妻だけが、遠慮なくガンガン言うので、いちいち傷つくんですけど（笑）。それが救いなんですね。

――（笑）黒沢監督がおっしゃるように、今は稀に見ぬ状況ではありますが、お2人はここ数ヶ月、どんな風に過ごしたり、何にパワーをもらったりしていましたか？

黒沢 今の期間は厄介ですよね。何がどう大変なのか実感としては分かりづらいというか。道端で人がバタバタ倒れていたりするとまた違うのでしょうけど、ただ闇雲にマスコミの発表を信じるしかない。幸い僕は今ちょうど仕事と仕事の間で。『スパイの妻』が終わって、次の準備はしつつ、いつ実現するか分かりません。そういうのは毎度のことではあるんですね。作品と作品の間のこの期間、世間的には準備期間と言っていますが、要するに失業中です。何かをやっているフリをしてほとんど家に閉じこもったりしている。たまたまその期間が今なので、次の企画を考えたりすることが活力だと無理にでも思おうとしています。まさにやろうとしていた何かが突然止まった人は大変だろうなと思います。蒼井さんも突然止まったんですか？

蒼井　私は作品に入っていなかったので、突然止まったということはなかったです。家で映画を配信で観たりしていました。コロナ禍で生み出される配信の作品も観たりして。これまでは映画を作る側なのに映画館で観ないのは……と自分の中で引っかかりながらも、それでも映画館で観られなかったものはちょこちょこ配信で観ていたんです。でもこのコロナの最中に行けないからという、自分の中で言いわけが利くから、思う存分、映画を観てなんだかんだ楽しくやっていました。あとは人参の頭のところを水耕栽培してみたり、編み物をしたり、家の中でずっと何かを作っていましたね。

――徐々に社会活動も再開された今、こうして劇場版として公開されることが楽しみです。8Kという映像美も相まって、この世界観に没頭できるんじゃないかな？と想像しています。

黒沢　そうですね。現代の何かを露骨にそのまま反映しているというものではなく、時代劇というか、少し抽象的なものなので、その分、いつの時代でも通用する普遍性を持てていたらいいなと思っています。

『スパイの妻』
監督／黒沢 清
出演／蒼井 優、高橋一生、坂東龍汰、恒松祐里、みのすけ、玄理、東出昌大、笹野高史、他
10月16日より全国公開

升 毅

「俺たちはこういう想いで作るんだ」というところに乗っかる、それだけでいいんですよ。作品の中身や自分の役割というのは後からついてくることだから

撮影 You Ishii　ヘア&メイクアップ 蓼沼仁美
文 多田メラニー

監督自らが企画開発に脚本、キャスティングなどの制作過程を担う実験的映画レーベル〈Cinema Lab〉が発足。第一弾の『ビューティフルドリーマー』は、本広克行監督が敬愛する押井 守監督（同レーベルのメンバーでもある）の原案『夢みる人』を実写映画化する。大学の映画研究会を舞台に、いわく付きのシナリオの映画製作に奔走する部員たちの姿が描かれるのだが、限られた予算の中で創意工夫を凝らす彼らの発想力や冒険心は、まるで本作を手がけた本広監督自身を投影したかのように瑞々しい青春で詰まっていた。監督のオファーを受け、升 毅はまさかの本人役で出演。シーンこそ少ないが、堂に入った安定感と絶妙に醸し出す違和感で強烈なインパクトを残す。相対するものを1つの芝居で瞬時に具現化できる役者は升以外にいないと、心底納得のキャスティングだった。

振り幅の大きい役をやらせてきていただいたことが全部財産になっていて、今の升 毅になっていると思う

―― 新しく発足された〈Cinema Lab〉はとてもチャレンジングなレーベルですが、本作に参加されるにあたって、どのような印象や想いを抱かれましたか？

升 お金はないけれども良い物を作ろうというプロフェッショナルな現場は、僕的にもすごく理解ができますし、そういうことが好きなタイプの人間なので、素敵なことだな、参加できて嬉しいなと純粋に思いました。僕が初めて出演した映画が『ガキ帝国』という作品で、〈ATG〉という会社が1千万円で映画を作るというとんでもない企画だったんですね。その当時は1千万円で映画をどう作るのか、自分のギャラがどうだったかも覚えていないのですが、やっていることはとにかく楽しいし、出来あがったものを人に観てもらえて評価をいただけたことが嬉しくて。後々、「あの作品を1千万円で作ったなんて、すごいことをやっていたな」と実感したのですが……僕自身が儲からないお芝居をずっとやってきたことも、こうやって繋がるのだなと思いました。お金がなくても中身はちゃんとしたものを作るというのは当たり前のことだったので。（升の主演映画『八重子のハミング』を監督した）今年亡くなられた佐々部 清監督も、プロデューサー、脚本、資金集め、そして映画製作と、やれることは自分でやってしまう方。僕にはそういう世界が身近にありましたし、とても共感していたから、今回もすごく良いことをやるんだなと拍手を贈りたい気持ちです。

―― 本広監督からオファーを受けられたとのことですが、やはり心を動かされるものがありましたか？

升 そうですね。成り立ちというか、「俺たちはこういう想いで作るんだ」というところに乗っかる、それだけ

でいいんですよ。作品の中身や自分の役割というのは後からついてくることだから。僕はそこに抵抗がないですし、とても居心地が良くて。しかも今回はマスタケシという本人役で……本広監督はね、役のない役で僕を使うのが好きなんですよ（笑）。撮影は1日のみでしたが、役を作っていかなくていい楽さと怖さ、そんな妙な気持ちのまま現場へ行って、あれよあれよと終わってしまった感じでした。

――ご本人〝役〟ですから、やはり演じるという意識があるんですよね？　マスさんを。

升　シチュエーションにもよりますが、これがまた難しいんですね。例えば今回の、映画研究会が開催するオーディションに参加するシーン。僕自身、今までもオーディションの経験はありますがそれとも違いますし、ダメな言い方をすると、行き当たりばったりというか、出たところ勝負というか。そこでどんな自分が出てくるのか。オーディションに来た升 毅というのを作ることだけはやめよう、できるだけ素でいようと思っていました。実はそのシーンの衣装について監督から、「いつも升さんが着ているジャージーみたいなやつで」と指定があって。最近はジャージー着ていないぞ？と思っていたのですが、確かに監督と出会った頃はずっと着ていたんですよ。きっとそのことを言っているんだなと思い、実際にジャージーで臨んで（笑）。でもあの衣装を着たことで、ちょっと気持ちが楽になったというのはあるかもしれないです。

――学生とのやりとりの中で、升さんが時折コミカルなニュアンスで返されたりするところがありますが、イメージする俳優・升 毅さんそのものという感じでした。

升　真面目な空気が続くのがすごく苦手なんです（笑）。雰囲気的に壊しても大丈夫だなと思ったら、ちょっとずつ壊していって、お互い楽になりたいなと。何か要望があった時は突っぱねて言うのではなく、「こうだったらいいのにねぇ」みたいな方に持っていったりだとか。空気が悪くなるのが嫌いなんですね、きっと。お芝居を始めたころの、まだ右も左も分からず現場に行っていた時代に、「もっとこうしてくれたらやりやすいのに」とか思っていたことがあったんだけども……生意気にも自分の要望通りにしてもらえないことに反発があって。こうしてあげたらこの人は絶対に楽なはず、というのは自分が経験しているから分かるじゃないですか。自分で劇団を立ち上げた時も、初めて芝居をやる子たちがもっと自由に芝居をできるようにお膳立てをしてあげようとか、わりとそっちの方に気持ちが向くというか。勝手にそういう体質になっていったみたい。

――学生たちがマスさんに、カツラをかぶって芝居をしていただきたいと恐る恐る提案するシーンがありますが、あの時の升さんの表情がとにかく最高でした。じわじわ笑えて何度も見たくなるんですよね。笑いのツボの押さえかたといいますか、本当に素晴らしいなと。笑うと同時に感動すらしました。

升　ありがとうございます（笑）。台本には簡潔に流れが書いてあった程度だったと思いますが――おそらくあの場を笑わせるのは簡単で、あの表情の後に何かをやれば確実に笑いは取れるんですけども、それはしたくない。この人が真剣にそのこと（カツラをかぶるか）をずっと考え続けていたら、それはそれで面白いことになるんじゃないかな？というところで。もしかしたら監督は、僕が何かをやるまでカットをかけるのを待っていたかもしれないですけども。一瞬だけの、簡単な笑いにはもっていきたくないというか。緊張と緩和で緩急をつければ笑いは作れるんでしょうけど、緊張したまま終わりたいなと思っていました。

――その緊張感、真剣さがこちらにも伝わってきて、じわじわくるんですよね（笑）。

升　そうそう。目の前のことを真剣に考えているっていうだけで、もう十分おかしなことなので。それから、あの難解な長台詞がまたね。「升さんにしかできないと思って。チョチョイのチョイですよね！」なんて監督に言われてしまいましたから。こっちは必死にやってきてドキドキしているのに、そんなことを言うんですよ、あの人は（笑）。もう本当に手こずりましたよ。

――（笑）本広監督に限らず、「升さんなら成立してくださるだろう」という信頼や期待は、みなさん持たれているのではないでしょうか。

升　最近新しくお仕事をした監督から、「前から升さんとやりたかったんです。絶対受けてもらえないと思っていて」なんて言っていただくことが、嬉しいことにありましてね。こちらとしては「お仕事をありがとうございます」という感謝しかないのですが、相手の方からも社交辞令でなくちゃんと考えてくださっているのが伝わってきて。自分ではそんなに敷居の高い役者じゃないと思っているから、驚きでしたけどね。

――それからお芝居のことでお聞きしたかったのが、以前『Ｔｗｉｔｔｅｒ』で「ここ数年は渡 哲也さんを意識して役作りをしたこともあった」という投稿を拝見したのですが、升さんがお芝居でどなたかを意識されるというのは少し意外でした。

升　おこがましいのですが――ある作品で、自分の役の入り口がなかなか見つからないことがあって。台本には役についてほぼ書かれていなかったから、通り一遍なやり方や、自分でキャラクターを作ることもできるわけです。だけどキャラクターを作ってしまえば自分のやりやすい方向に持っていった、ということになるのかもしれないなと考えた時に、ふと、「これが渡 哲也さんだったらカッコ良いな」と思ったんです。渡さんは特に気持ちを大きく震わせることなく相手に伝える、そういうお芝居をされる方だなと感じていたので。感情はもちろんあるのですが、あえて大きく表現せずに相手に伝えていく。そういう部分での意識は、お芝居に取り入れさせていただいていました。台本を読んでいる時に、○○さんが演じたらこういう感じだろうなというのは、普段からよく考えるんですよ。かといってそこを目指したり寄せることはなく、オリジナルを作るんですけれど。

――そう考えると、どなたかが「升さんのように演じてみよう」と思っても体現することはなかなか難しそうです。捉え所がないと言いますか、作品ごとに変化して魅せてくださる方という印象なので……。

升 もしそういう方がいて、僕風に演じた作品があれば観てみたいですね。一体どうなるんでしょう（笑）。でも確かに、〝誰っぽい〟みたいなことは言われないかな。振り幅の大きい役をやらせてきていただいたことが全部財産になっていて、今の升 毅になっていると思うので、そんなことも影響しているのかもしれないですね。

――様々な作品のオファーがある中、どのような部分にお芝居のモチヴェーションを感じられていますか？

升 そもそもお芝居の現場というのが貧しかったので、そういう時代を10年くらい経験していると、声がかかることが非常にありがたくて。どんな役でも、どんなお話でもという時代を経て、根本的にそれは抜けていないみたいです。ある程度経験を重ねてくると、今はこういう役が集中して来ているなということが、だんだんと見えてきて、理解していく楽しさというのもあったし。なぜ僕にこの役を？というのもありますが、それには必ず理由があってオファーをくださっているわけですから、それを受けない手はないなと。そうやっていくと結局、全部引き受けてしまうのですが（笑）。「もうこれくらいでいいや」と思ったことがまったくないんですよね。もちろん自分のお芝居もそうですし、役についてもそう。まだまだやっていないことがたくさんありますから。

――初挑戦といえば、11月にモノ・オペラ『ガラシャ』にご出演されると。かなり衝撃的でした。

升 ねぇ、僕もびっくり（笑）。僕は歌わないですけど、そんなお話が来ること自体面白いのと、良く理解ができていない中でも「なんか面白そうだよね、やってみよう」という流れになって。京都の〈上賀茂神社〉でお芝居をするなんてまずできないことですし、世界初の試みというのもすごく刺激的。この先どうなっていくか分からないですが、そこに居るということがとても大事で。チャンスが来たらやりたくなっちゃうんですよね。

――オペラもそうですが、歩みを止めることなくご自身の限界を決めず、挑戦し続けられている姿勢は本当に素晴らしいですし、同世代の方はもとより後輩の方たちの励みにもなると思います。

升　興味を持った瞬間に一歩踏み出しているというか……新しく何かを始める前には、すでに一歩出てしまっているので、そのための準備としてあれをしよう、これをしようというのは、特に思っていない気がします。アンテナもずっと張っていると疲れてしまいますし――最近、興味深く観ているのがニュースと料理番組なんですよ。事件にしても事故にしても、毎日様々な新しい出来事が起こっているじゃないですか。今はそこにすごく惹かれていて。夜7時になったらニュースを流すというように、ルーティーンにして見ています。

――升さん、お料理は本当にお上手というかプロ並みですよね。

升　いやぁ、早く食べたいから時短でパッと作って、食べてみたら美味しいだけなんです（笑）。昔は子供のために洋食を作ったりもしていました。洋食といっても、ナポリタンとかハンバーグですけど（笑）。今は基本的に日本料理ばかりです。でも料理番組を見ていると、自分が挑戦したことのない味付けや調理法がたくさんあるので、興味が尽きないんですよね。

©2020 映画「ビューティフルドリーマー」製作委員会

『ビューティフルドリーマー』
監督／本広克行
原案／押井 守『夢みる人』
出演／小川紗良、神尾楓珠、斎藤 工、秋元才加、升 毅、他
11月6日より〈テアトル新宿〉、〈シネ・リーブル池袋〉他、全国順次公開

小泉今日子

撮影　ロブ・ワルバース（UN +PLUS UN inc.）　文　堂前茜

今はもうね、人の顔色を窺ったりせず、時代のムードも無視して、空気を読めないでいることの方が正しい気がしています。　そうじゃないと明るい未来がない気がする

「こうしたらいい気がするな」と言われると、「確かにそんな気がする」とこちらが素直に頷いてしまうような。「きっと未来は明るいよ」なんて言われると、どこか励まされる気がするような。小泉今日子はそうやって、人をどこか前向きな心持ちにさせてくれる予言みたいな呟きをする人だった。彼女が俳優の豊原功補らとプロデューサーの1人を務めた映画『ソワレ』の話をするということは、時世を見つめるということ。自身と向き合うことにも繋がる。だからか映画の話をしているのに、いまを生きる我々の不自由さや、どうしたらいまがより良くなるのか？という想いを互いに忍ばせながら話していたように思う。つまりはそういった豊かな広がりを見せてくれるのが映画の醍醐味だ。翔太を演じた村上虹郎も、タカラを生きた芋生 悠も、本当に素晴らしかった。

翔太に手を引かれて走り出した時に、心と身体が一体化するというか。それまでは、心は子供の時のままお父さんを怖がっているんだけど、手を引いてもらった時に、心がハッって肉体にくっ付いたみたいな感じがして、すごく好きなんです

――完成した作品をご覧になって、どんなことを思われましたか？

小泉　そうですね。台本の直しや本打ちをものすごく重ねて、物語についてもいつもみんなで会議をしてと、本当に編集から音楽のダビングまで全部お付き合いしたので、完成したものを観た時――完成したものというか、粗編集みたいなものを観た時に――「大丈夫」って思ったかな（笑）。私の中でツボがあるんですけども、その「絶対にここはグッとくる」という箇所を粗編集の時に見つけたので、「あとは良くなるしかないじゃん」と思ってその後の作業を見守っていました（笑）。なので、初号を観た時にも、良い意味で他人事みたいに観られましたね。今回は豊原功補さんが総合的なプロデューサーなのですが、豊原さんはもう気が気じゃなくて、具合が悪くなりそうだったと言っていました。私は、アソシエイトと言って、どちらかというと足りないところをお手伝いするような立場だったと思うんです。簡単に言うとアシスタント・プロデューサーに近いんですけど。例えば現場に豊原さんがいない場合は私が責任者になるっていうような感覚です。あとはこのサイズの映画だと何かと人手が足りないですから、豊原さんも私もロケの時は車の運転から何から何までできることは何でもやりましたね（笑）。俳優や女優がプロデュースするとなると、時々行って現場では日傘をさしているようなイメージがあるかもしれないですが、本気でやらないとやる意味がないと思って映像を作る会社を立ち上げたので。私はもともと、もう１つ自分の会社があって、そこでは舞台のプロデューサーをやっていたんですけど、映像は

初めてだったんです。

――以前わたしも映像作品に少し携わったことがあるんですが、人手が足りないわお金は足りないわで、映像、というか、映画を作るのってこんなに大変なんだと、驚いた記憶があります。

小泉 ね！ スタッフも含めてたくさんで動くから、あっという間に（笑）、入っては消え、入っては消えって、いろんなものが通過していきますよね。お金も、ちょっとずつ、でもどんどんなくなる。舞台のプロデューサーの時もそうだけど、本当にどんどんなくなる（笑）。

――地方ロケだと足代や宿泊費もかかってきますよね。

小泉 もちろん細かいところはライン・プロデューサーの方にお預けしましたけど、まぁ大変（笑）。だから私達、和歌山まで車で行きました。役者さんも、主役以外で若い人達は制作車に乗ってもらったりして。

――（笑）今回、役者さんのマネジメントもすごく理解がありそうで。村上さんの事務所とかも。

小泉 そうですね。台本ができてきた時に、監督が「村上さんでどうだろう」と言うので、我々も異論はなく。彼とお芝居したことがあるので、すごく信頼していますし。それでわたしが（村上の事務所の）社長に電話して（笑）。村上さんの事務所も映画を作ったりしているじゃないですか。映画が好きだからちゃんと愛があってね。で、ヒロインはオーディションだったんですけど、村上さんサイドの方から、最終オーディションになったらお芝居のお付き合いをしますよと言っていただき、来てもらったんですね。結局芋生さんに決まったんですけど、芋生さんのマネジメントの方達も、本当に「育ててください」という感じで信頼して預けてくださったので、現場にマネージャーがぴったりいる、という現場ではなかったですね。主要な時だけいらして、あとは本当に預けてくださいました。

——偉そうな物言いですが、この作品で芋生さん、開花したなって思いました。

小泉　たぶん、エネルギーもすごくあるし、色んなことをすごく考えているし、感性も鋭い所があって。でもそれを発揮する場所がない、持て余している感じがあったのかなと思います。だから、これくらいで止めないと、もっとエネルギーが走り出ちゃうな、というところがありました。肉体的にも綺麗なエネルギーを持っているので、走り出したりすると、アスリートみたいになっていて（笑）。

——（笑）走り姿、カッコよかったんですよ。

小泉　そうなんですよ。ところどころ編集で、もっと弱く見えるようにカットを変えたりするくらいでした（笑）。

——タカラは親との関係性が最悪でしたけれど、魂や肉体は死んではいなかった、というか。

小泉　そうなんですよね。小さい時から親という権力に力で抑えられていたけれども、走り出した瞬間に、「これだけ大人になっていたんだ」っていう風に見える。翔太に手を引かれて走り出した時に、なんだろう、心と身体が一体化するというか。それまでは、心は子供の時のままお父さんを怖がっているんだけど、手を引いてもらった時に、心がハッって肉体にくっ付いたみたいな感じがして、すごく好きなんです。

——村上さんも、翔太としてそれを見守るというか、前に出ることなく支えている場面が幾度とありました。

小泉　翔太という役をどういう風に表現したら良いんだろうと、監督とも色々話し合っていたし、我々にも質問したりしてくれていたんだけど。今回私は「相手の芝居を受けるっていうことができたら、俳優としてのステップアップになるんじゃないかな」という話をしたし、豊原さんは豊原さんで、「バンドで言えばベースだね」っていう、虹郎くんにすごく分かりやすいアドバイスをしてくださったりして。でもそれができると、特に男優さんの技量が分かりますから。若くしてこれまで主役をたくさんやられていたけど、受けの芝居ができると気付いた時、「あっ、この人伸びるんだな」と思う。今回、完全に虹郎くんはそうだった気がします。

何というか、過去を振り返って、私は間違っていなかったっていう気がしました（笑）

――外山文治監督とのやりとりはいかがでしたか？

小泉 これが長編の中では第2作目なんですね。なので色々と気負いや迷いがたくさんあって、なんかこう、勝手に自分の中でこうするべきだっていうような……自分に対してというか、映画に対して、コンプライアンスを作っていた気がして、それをひっぺがしていくのが我々プロデューサーの仕事でした。外山くんは『此の岸のこと』みたいな映画も撮れるし、『わさび』や『春なれや』も撮れる。きちんとしたストーリー、分かりやすいお話でいこう、と考えれば考えるほど、考え過ぎちゃって本がどんどんそうなっていくから、「いやさぁ、そうじゃないんじゃないか？」と。「外山くんは『此の岸のこと』という、台詞が1個もないのに人を感動させる映画が撮れるんだから、もっと自分を信じた方が良いと思う」という話をしました。外山くんが持っている幅を1本にしちゃえば良いと言って、だから前半がドキュメンタリータッチみたいな感じで、途中から映画が始まるっていう風にできたらすごくカッコ良いじゃないかと話していました。ギミック的なところも色んな打ち合わせを重ねて、「例えばこれ、ＣＧだったらもっと簡単にできるけど、そうじゃないところが外山文治のカッコ良さってなった方がいいんじゃないのかな」ということで、アナログでできることを考えたんです。そういう全部が印象に残るシーンになっていったと思うので、監督が元々持っているものを、プロデューサー部として、それこそ予算も含めて色んな判断をしなきゃいけない時に、良い判断だったなって思いますね。

――世代や年齢で分ける話でもないですが、外山監督のキャリアと年齢を考えると、例えばいまの20代前半の子がとにかく自分の感覚だけを信じて表現しよう飛び込もうというのとは違うところにいらっしゃいますよね。それこそ予算や規模、現場の雰囲気、いろんなものが見えるからこそのブレーキがありそうというか。

小泉　そうそう。ついそういう考え方をしてしまうというか、状況も読めるからその分ワガママにもならないし、かと言って仲間で頑張ろうぜみたいな熱さにもならないから、「それ良くないんじゃない？」っていう感じでした（笑）。でも短編を撮っている時には自由にやっているんですよね。長編で2作目ってことで気負いがあったんじゃないかなと思うんです。今回は自主映画として撮っていたものよりは、予算も大きいし、スタッフもたくさんいるし――しかも良いスタッフを呼んでいるし、みたいなので、ちゃんとしなきゃ、って気持ちがあったのかも。でも、世代っていうのは確かにあるような気がするなぁ。

――外山監督の年齢だと、氷河期の割と全盛期ですよね。

小泉　ロスジェネより下の世代だと、氷河期、みたいなところですよね（笑）。

――例えば村上さんの世代だと、「まぁないならないなりに俺らでやろうよ」みたいな、そういうイメージがあって、だからか、いまの20代は役者でもミュージシャンでも面白い子が多いなぁとか思ったり。

小泉　そうですよね、私も思います。今の20代の子たち、面白いです。アーティスト全般ね。私なんかの世代で言ったらバブル世代なんで、何でもアリみたいなことを教わって、で、ロスジェネの人達のあの感じもあり。

――しかし翔太は、若いですが、がんじがらめというか、どこか心が不自由な状況でした。

小泉　嫌なことや、理不尽なことをされているという感覚もないまま都会に呑まれちゃったような。たぶん、嫌なことや言われて傷付いたことは、その時は感じていないんじゃないかと思うんですよ。感じていないからぁれができちゃった。オレオレ詐欺とか、有名大学の学生が加担しちゃっていたりするじゃないですか。それと似ているというか。傷ついたから腹いせにということでは全然なくって、なんだろう……なんかおかしい、なんか世の中おかしい。だけどそこまで分析して考えるほど、傷つくこともないから、なんか変、なんか変って言っているうちに、「あれ、知らない間にこんなことになっちゃってた」っていう感覚じゃないかなぁ。

――小泉さんご自身は、日々生きていて、どんな感覚や感情になることがいまは多いですか？

小泉 私はなんか、割と平坦ですね。

――お話していても、めちゃくちゃ平熱感があります（笑）。

小泉 （笑）まぁどうですかねぇ。その時その時に嬉しいとか腹立つっていうのを素直に出すからすぐ終わっちゃうんですよ。

――理不尽なことにはその場でNOを突きつけてきた。

小泉 はい。それは若い頃からそうなので、こんな風になっちゃいました（笑）。10代の時からそうだったから。「大人も子供も関係ないだろ」という感じでね。だからすごく扱いにくい子であっただろうなと思いますけど、でも、自分が大人になってみると、そういう子の方が楽しいですよね。一緒に仕事したり、関わっていく上で。村上くんや芋生さんは友達になれる感覚があるから、それでいいんだと思う、思いました。何というか、過去を振り返って、私は間違っていなかったっていう気がしました（笑）。でも今はもうね、人の顔色を窺ったりせず、時代のムードみたいなことも意外と無視して、空気を読めないでいることの方が正しい気がしています。なんかそうじゃないと明るい未来がない気がしています。

――分かります。空気を読まないのも大事ですよね。

小泉　そう、誰のための空気なのか？っていう感じがしてね。ある状況にいると、「空気を読めないな」だけど、その発言はこっちに来たら「イェイ最高！」ということになるかもしれない。とにかく自分の感情を持つことの方が、自分の感情を取り戻すことの方が大事。翔太みたいにね。実は翔太の方が、小さいザラザラした傷がいっぱいあって、でもタカラに会ったことでそれが出せたみたいな感じがあるじゃないですか。タカラは逆に、希望を見ようと思えば見られる。翔太みたいに生きてきていると、それすら分からない。自分が幸せか楽しいかも分からないで生きちゃっているとしたら、なんだろう、1回すっこんじゃった方が良いって感じ（笑）。

――タカラは別の生き方が見えた時、途端に活き活きしたけれど、翔太は違った。翔太は失ってしまった自覚がないし、なくしたものはもう取り戻せないとも思っていた。だけど取り戻すことってできますよね？

小泉　うん。「嫌だ！」って言うの。「嫌だ！」とか「欲しい！」とか「いらない！」とか「好き！」とか言った方が良いかもね、って思います。今だからこそ（笑）。そしてそれは年齢関係なく。

© 2020 ソワレフィルムパートナーズ
『ソワレ』
監督・脚本／外山文治　出演／村上虹郎、芋生 悠、江口のりこ、石橋けい、山本浩司、他
〈テアトル新宿〉他、全国公開中

中村獅童

自分のキャリアとか歌舞伎役者とか云々……という肩書きを、いつでもしまえる覚悟を持ってやりたいと思っています

撮影　堀内亮太　スタイリング　長瀬哲朗（UM）
ヘア&メイクアップ　masato at B.I.G.S.(marr)　文　岡田麻美

「今でも新人の気持ちでいる」と中村獅童は言う。演出家のいない歌舞伎という舞台に普段はいるからこそ、他の芝居場では監督の求める色に染まりたいし、肩書きやキャリアは邪魔でもあるのだと。その言葉からは謙虚さだけでなく、いつでも自分をフラットにできる覚悟と、予測のできない未来を喜べる、人としての生きる力強さも感じる。そして今回出演する映画『みをつくし料理帖』は、生気溢れる角川春樹が最後の監督作と公言した作品であり、かつて映画『男たちの大和／ＹＡＭＡＴＯ』で出演を抜擢された中村獅童は、格別の想いでオファーを受けた。演じる又次は、あさひ太夫（奈緒）を一途に思い続ける寡黙な料理番だが、それだけではなく、男が生きるために抱えたものまで滲んで見える。中村獅童が役に宿らせたものについて、聞きたくなった。

表面的、上っ面な説明的なことではなく、肚に何かを持つということ

――又次はあさひ太夫のためなら苦労もいとわない一途な役で、上方（関西）の食べ物を探して女料理人の澪（松本穂香）に出会い、2人を引き合わせます。獅童さんはどのように又次を表現していきたいと思われましたか？

獅童 僕自身が生きていて、どういう人だったら一番信頼できるかな？という人物像をイメージしました。正直で誠実で、頼り甲斐があって優しくて。それがすべて表面的ではなく、内から醸し出されている。寡黙なんだけど、肚に何かを持っていることが伝わるように、どう又次を演じるかを考えていましたね。

――映画の中で、昔は忘八で無鉄砲だったけど改心して真面目に生きているというエピソードがありますが、その過去の出来事が又次の優しさ、人柄にも繋がっているのかなと感じました。

獅童 そうですね。おっしゃるように、又次は「昔何があったんだろう？」という謎めいた感じがあって。若い頃にちょっと暴れん坊だった時期があったのかもしれないけど、それが全部表面的に出ないようにと思って演じていて、そういった意味では少し難しい役所でもありましたね。例えば、脚本で台詞としては書かれてない行間を、どういう風に自分で構築するか？ということを考える作業が多かったように思います。

――お芝居をする時に「表面的にならないように」とは、どうやって作り込んでいくのですか？

獅童 表面的、上っ面な説明的なことではなく、肚に何かを持つということです。歌舞伎もそうなんだけど古典的な時代物ってね、現代ではまるっきりないし、特にそれが大切になってくる。例えば役柄が、過去にものすごく悲しい想いをしたんじゃないかということを、観客に想像してもらいたいわけですよね。それをするためにはどうするのか？というと、今作では又次という人が持っている、内に秘めた強さや誠実さを強く根底に、

肚に置きながら、自由に演じるということでした。でもそれが説明的になっちゃうとダメなんだと思います。醸し出す人間性っていうのは、言葉ではないし、その人の生き様がもしかしたら出ちゃうのかもしれない。信用できない人って「なんかこいつインチキくせぇな」と、そんなに話さなくても分かるというか、醸し出されているじゃないですか。それを役柄でどういう風にやるか？ということを常に考えてはいます。

――角川春樹さん製作の映画『男たちの大和／ＹＡＭＡＴＯ』にご出演されたことは、獅童さんの中でも大きな経験だったそうですが、時間を経て、以前とは違うどのような面を角川監督に見せたいと思いましたか？

獅童　見せたい部分なんてないなぁ。見てくれとも思わないよ、だって見てるもん。僕は『ピンポン』という映画で世の中に出していただいたと思っているんだけど、実はそうなる前から角川監督はずっと歌舞伎も観てくださっていて、応援してくれていたんです。だから、少し名前が知られた時もすごく喜んでくださったし、『男たちの大和／ＹＡＭＡＴＯ』で大役をやらせていただいたりして。監督に対しては、本当にお世話になったという想いがあるから、「本作で映画の監督業はこれが最後になると思う」と最初に聞いて、全身全霊で応えたいという気持ちでした。でも恐れ多くて、「俺を見てくれ！」という気持ちはどんな時もないんですよね。

――そうですよね、失礼しました（笑）。確かに、見ていらっしゃいますもんね。

獅童　いやいや、変な意味じゃなくてね。それに舞台でも何でも、「観ていただいている」という気持ちなんですよ。良い言い方をすれば謙虚な想いがあるというか。それに、映画やテレビ・ドラマの時、歌舞伎以外のジャンルのお仕事をする時はいつでも、どこか新人の気持ちがあって。

――これだけのキャリアがある今もですか？

獅童　本当にね、今でもそうなの。歌舞伎は基本的には、演出家がいないわけですよ。古典なんかは特に、映画でいう監督がいない。でも、歌舞伎の外のお芝居には、演出家や監督がいらっしゃる。だから監督が思い描いている世界に、中村獅童という役者はどこまで近づけるか？ということであって、その作品その監督の色に染まりたいんです。自分のキャリアとか歌舞伎役者とか云々……という肩書きを、いつでもしまえる覚悟を持ってやりたいと思っています。この仕事を何十年もやっているからということは、一切考えない。人間の生き方もそうだし、スポーツでもなんでもそうなんだと思うけど、何回も同じことを繰り返していると、色々な部分でテクニックがついて、こなせるようになってしまうでしょ。それをいつでもゼロにしたいという気持ちは持っています。だから僕は下手と思われることも全然恥じていないし、上手にやろうなんてあんまり考えないです。ただ若い時は、やっぱり認められたいという気持ちが強いから、そういう感情に押しつぶされそうになったことはありました。でも今は、どういう風に純粋にこの役に向き合えるか？ということが大事。毎回、作品ごとに色々な作風があるし、色々な監督、演出家がいらっしゃるんだけど、瞬時に何を要求されているかを演者として読み取ることも、役者の仕事だと思います。感じるってことですよね。その中で「こういう色になってもらいたい」と言われた時に、素直にその色に染まれる自分でいたい。そこで反発とか、したくないんです。

――時には、キャリアがあるゆえに固執観念みたいなものを持ってしまうこともありますけども。

獅童　そう、それが邪魔だし、自分のやり方っていうことはいらないと僕は思っているタイプです。

――角川監督の現場は、他のいろんな映像の監督の現場と、どういうところが違うのでしょうか。

獅童　普段、僕は歌舞伎の舞台に出ているじゃないですか。そこから映像の時代劇に参加するといろんなところが気になったりするんだけど、角川監督の現場はもう隅々までが素晴らしいの。器はもちろん、セット、衣装、かつらにまで監督のこだわりが強いので、「あ、こんなところにまで、良いもの使っているんだ」と驚きます。

そういう、角川監督が培ってきた美意識の詰まった現場に立って、芝居で本物に触れさせていただけると、やっぱり所作は美しくなりますし、演技にも良い影響があるものなんですよね。

――本当に素晴らしい環境ですよね。角川監督は「又次とあさひ太夫の関係について、近松門左衛門の世界観だ」ともお話されたそうですが、それをお聞きになってどのようなことをイメージされましたか？

獅童　儚さかな。近松作品の情景って、四季折々、厳しい寒さや短い春の朗らかさなんかが、一発で目の前に浮かんでくるんです。整えられてしまっている綺麗なものだけではなくて、自然や季節のように移ろう、儚さの中にある美しさがあると思うんですよね。そうした世界観の中から生まれる人として、又次という役柄を掴むことができましたので、角川監督から助言をいただいて芝居も変わったと思います。

過去も大事だし、もっと大事なのはこれから。だからこそチャレンジするわけです

――今年はコロナ禍で様々なことに変化がありましたが、この苦境の時だからこそ挑戦する気持ちも生まれるものではないかと思います。お話をお聞きしても、獅童さんは常に新鮮な気持ちでチャレンジを続けていらっしゃると思いますが、これからさらに、そういうマインドが世の中に必要だと思われますか？

獅童　今まで過ごしてきた過去も大事だし、もっと大事なのはこれから。だからこそチャレンジするわけです。でも過去を捨てる潔さっていうのも持っていないと、今はいけないと思う。コロナのことで、もう世の中はガラッと変わったじゃないですか。エンタメ業界に限らず、我々の日常的やこの世の中のすべてが。その中で、過去や自分をもう一度見つめ直すことは大切なんですよね。自粛中は、これからの道、これからの世の中、今の子

供たちの未来、これから住む日本、エンタメ、歌舞伎、いろんなことを見つめる、僕にとってはそういう時間だったんです。それは前を向くために、良いものは残していくために、ちゃんと把握したかった。価値観が変わったわけだから、過去に戻るのではなく、どこかで受け入れつつ新しい未来や新しい道を作っていくという気持ちがないとダメですよね。あと、もう一歩深いところで物事を捉えて、良いものを残すということは、悪いものを排除して変わるチャンスだとも思っていて。チャレンジする気持ちはもちろん大事なんですけど、昔を取り戻すという方向ではなく、これから生きる新しい未来を我々で作りませんか?ということを考えていました。今の現状って、それくらい厳しいと思います。でもコロナのことに限らず、人生ってそうなのかもしれないな、とも思うんです。もう僕は48歳になるんですけど、「あの頃は良かったね」と思うのは嫌じゃないですか。「学生の時は楽しかった」とかよく言いますが、「いや楽しかったけど、今はもっと楽しいよ」とは思っていて。20歳ぐらいの若い時の自分は、40、50歳くらいになるのが、老いぼれていくようで恐怖だと思っていたんです。でも実際になってみたら全然、今の方が楽しい。高校でも大学でも、若い時はその時で最高に楽しいって思って生きてきたけど、比べ物にならないぐらい今が楽しいですよ。

――素敵なことです。それは楽しさの種類が変わってきたという面もありますか?

獅童 種類も変わっているけど、今は「こういう風に生きていきたい」という自分の意思を持っている違いはあります。あとどこかで、過去に縋ってもしょうがないという実感があるのかな。世の中はデジタル化がどんどん進化して便利になっていくけど、その反面、不便になったり失われることも多いじゃないですか。その現状を受け入れるということが、妥協ではなく楽しみとして捉えられるようになったのかなと思います。

――今はエンターテインメントも苦しい時ですが、少し形は変わるかもしれないですけれど、もっと観客に届けられる状況になれば良いなと本当に思います。個人的には、歌舞伎を観に行くようになったきっかけが、獅童さんの出演された『赤坂大歌舞伎』を観劇したことだったんです。これまで歌舞伎に触れてこなかった人の入り口を、獅童さんは広げていらっしゃるとも思うので、なおさら精力的に活動して欲しいとも思ってしまって。

獅童 そうですか、そう言ってもらえるのはすごく嬉しいですし、やってきた甲斐があります。良い歌舞伎を観たんですねぇ（笑）。本当にね、実は興味を持っていただけるかどうかって、最初に観ていただく演目がすごく大事なんですよ。どうしても、展開のおとなしい内容とか、ビギナー向けじゃない演目はあるんですよね。僕が窓口になれるのであればそんな嬉しいことはないし、より馴染みやすい良質な芝居を届けたいと思う。だからこそ、たとえ悔しい現実があっても、未来に目を向けた挑戦は続けていきたいですね。

©2020映画「みをつくし料理帖」製作委員

『みをつくし料理帖』
製作・監督／角川春樹
原作／『みをつくし料理帖』髙田 郁〈角川春樹事務所〉
出演／松本穂香、奈緒、若村麻由美、浅野温子、窪塚洋介、小関裕太、藤井 隆、薬師丸ひろ子、石坂浩二（特別出演）、中村獅童、他
10月16日より全国公開

井浦 新

撮影　木谷 元　スタイリング　上野健太郎
ヘア&メイクアップ　樅山 敦（BARBER BOYS）　文　岡田麻美

ジャケット（78,000yen）、パンツ（43,000yen）／共に、フランク リーダー（マッハ55 リミテッド　tel.03-5413-5530）　メガネ（74,000yen）／ミスターライト（ブリンク外苑前　tel.03-5775-7525）　シューズ（16,000yen）／アディダス オリジナルス（アディダス ジャパン　tel.0570-033-033）　※すべて税別

一緒に生きて、一緒にみんなで産んだ作品。こういう出会いや経験をするために、自分は役者をやっているんだなと思えた

映画『朝が来る』に出演して感じた喜びは、河瀬直美監督の純粋度に触れたことだと言う井浦 新。「僕は改めて、猪突猛進に映画を愛する人が大好きだなと感じた」と笑うが、自身も映画のためなら身を捧げることも支援も惜しまない、情熱の強い人だ。その姿勢が培われた場でもある、デビュー作の監督・是枝裕和と、恩師である若松孝二監督のもとで学んだことが、本作で大いに生かされたと話す。井浦が演じたからこそ、観る人がこの役に心を重ねられるのだと思う。栗原清和（井浦）と佐都子（永作博美）夫婦は不妊治療の末に、特別養子縁組という制度を知り、14歳の少女・片倉ひかり（蒔田彩珠）から産まれた男の子・朝斗を迎え入れる。6年後、ひかりから「子供を返してほしい」と突然の連絡を受け対面するが、その女性にはかつての面影はなかった。

他の作品では考えられないくらい、役が経験することを実際に体験させてもらった

——清和は自分のせいで子供が持てないという、男性としての辛さを持ちながら、特別養子縁組をおこないます。どのような男性だと思って演じましたか？

井浦 清和は両親にも恵まれて、大学卒業後は大手のゼネコンに入り佐都子さんと出会って恋愛結婚し、順風満帆に勝ち続けてこられたタイプの男だと思うんです。そんな人が、自分が原因で子供が作れなくて、愛する妻が子供を産むことができないと知り、初めてここで挫折をする。でも、それを大げさなことではなく、等身大で、心のささやかな動きで表していけたらいいなと思っていました。河瀬直美監督からも、「役として、清和は難しい立ち位置だから」と言われていたんです。原因があるのは清和であっても、清和を追う話ではない。その中で彼を表していくには、佐都子さんとの夫婦２人の日々をしっかり積んでいくことが本当に重要でした。他の作品では考えられないくらい、役が経験することを実際に体験させてもらい、自分が徐々に清和になり、永作さんとは常に栗原夫妻として現場にいました。河瀬組の映画作りは現場初日に芝居を始めるのではなくて、クランクイン前に準備として僕と永作さんは、夫婦になる前の恋人時期を過ごしているんです。監督と３人だけで宇都宮へ旅をして、訪れた大谷石に僕自身がとても興味を持ったんですけど、そのことを本番でも佐都子さんと食事をしている際に会話しています。こうして役と一体化し、夫婦としての思い出と基盤を積んでから、特別養子縁組とはどういうものか、実際に経験された方にもお会いしてお話を伺いました。だから自分は、いかに男として夫としての苦悩を繊細に表していくかで……永作さんがいなければ何もできなかったですし、１人で考えずに夫婦を通して伝えていくことを大切にしたんです。芝居をするんじゃなくて、驚いて、笑って、怒っ

て、瞬間に感じたことを溜めないで素直に出していくことを徹底していました。

――本作は、どの登場人物の気持ちにも寄り添える作品であると思います。また、栗原夫妻の目線で観ていたとしても、逆に中学生で産みの親となるひかり側、事情があって子供を手放さざるを得ないお母さんたちの言葉に、気付かされることも多いと感じました。

井浦　そうですよね。僕も色々な気付きのある作品でした。ひかりと再対面するシーンの撮影時、それまで僕ら３人は実際にずっと会っていなくて。ひかりに対しては朝斗を広島へ迎えに行った時の、まだ少女の面影が残っている印象のまま再対面したけれど、ひかりの風貌が激変していたので、とにかく朝斗を守ることで必死でした。でも完成した映画を観て、ひかりの壮絶な時間を知った時には、監督が観る方々に突きつけたかったことが何だったのか、少し分かったような気持ちになったんです。僕自身、これまで〈ベビーバトン〉のような支援団体の存在を深く知っていたわけではありませんでした。望んでいない妊娠で産まざるを得ない状況になってしまう女性が実際にいて、反対に、子を持ちたくても産めない夫婦もいる。でも、河瀬監督がいつも一緒に制作をしている、フランスの編集チームから言われたそうなんですけど……この『朝が来る』に出てくる家族も、ひかりも、決して特別ではなく世界中のどこにでもある話で、それを映画にして観てもらうということは、事実を伝えるだけではなくて作品で監督が何を伝えたいのか？が明確に求められるんだよと。そう考えると僕なんかは、もっと知らなきゃという段階ですけど……自分に起きても不思議ではない、どこにでもある身近な問題だと意識して演じました。いかに自分も含めて日本人が特別養子縁組に消極的で、血というものにこだわっているのかを感じました。だからこそ、この映画は１人でも多くの人たちに観てもらい届いてほしいと、心から思います。

――栗原夫妻が〈ベビーバトン〉と出会ってから、お互いに特別養子縁組について調べていたと知るシーンがありますが、そこで清和は子供を迎えることについて、「佐都子だけのためじゃない、2人のためなんだ」と話します。特別な言葉ではないですけど、すごく心に残って。大きな決断への気持ちを表す会話が、本当に自然で、感動してしまったんですね。それは井浦さんと永作さんが実際に、恋人から夫婦の期間を経て、関係性を築いた夫婦として局面に辿り着いているからなのだと感じました。

井浦 もっと大げさにドラマティックに、分かりやすいシーンにすることもできたのかもしれないですけど、そうじゃなくて。「君のために」だなんて言えないし、2人のためですからね。このシーンの台詞は、すごく清和の素直な気持ちだろうなと感じたんです。親になれる場があるならば、その環境を使った方が良い。清和は合理的な面もある人だけど、彼なりの家族を作りたいという想いから来るものだとも思いましたし、生々しい言葉だなとも思いました。

河瀬監督の厳しさは、映画に関わるすべての人たちと作品への、深い愛

――河瀬監督とご一緒されて、特にどういったことを感じられましたか?

井浦 河瀬さんにしかできない演出と映画作りがあるんですけど、役を積んでいく、作品の中で嘘がないようにする作業に関しては、本当に僕は有り難いことにデビュー作の是枝裕和監督と、恩師でもある若松孝二監督の元で求められたことが、すごく活かせられたと。河瀬監督はよく、「お芝居としては良いけど、お芝居だったよね。はい、もう1回」と言うんですね。是枝監督も若松監督もそうで、「芝居をするな」と言われて育ててもらっ

たんです。だから「お芝居ではなく実体験として、作品の中で本当に生きる感覚」は初めて知ることではなかったものの……その作業は精神的に本当に大変なんです（笑）。１ミリでも芝居という力技にならないように、気持ちを作っていくことに注力しました。もちろん監督ごとに捉え方はそれぞれなんですけど、役を生きることを求められて嬉しかったですし、全身で河瀬組にぶつかっていけたのでとても居心地が良かったです。ただ、河瀬監督は徹底すればするほど求めることも厳しくなりますし、高いハードルを僕たちは毎回越えなきゃいけない。でも、怖いとか大変だということとは違って、その厳しさが監督の真剣さに直結しているんです。ということは、河瀬監督の厳しさは、映画作りや映画に関わるすべての人たちと作品への、深い愛なんだなと。今回、河瀬監督の映画作りの純粋度を感じられたことが、僕には宝で。みんなそれぞれ映画への想いの形はあるんですけど、ここまで分かりやすく映画作りに愛が深い人にはなかなか出会えないですし、猪突猛進に映画を愛する人がやっぱり大好きだなと感じるし、自分のできる表現をすべて捧げたいと思ってしまいます。河瀬監督は関わる人に愛情を直球で投げてきて、こちらがキャッチして投げ返してく。当たり前の作業がこんなにも難しくて、愛おしいからこそ、いただいた役に夢中になれるんです。そして改めて、信じてきた監督たちとやってきたことは自分の中に生きていて、間違いじゃなかったとも思えました。そんなことを再確認できる機会は、そうそうないんですよ。良い仕事をしたとかそういう次元じゃない、一緒に生きて、一緒にみんなで産んだという感覚になる作品でしたし、こういう出会いや経験をするために、自分は役者をやっているんだなと思えました。毎回そう感じられたら幸せですけど、正直いつもこんなにボロボロになっていたら身が持たないですし（笑）、素晴らしい出会いがありふれているほど簡単な世界ではないですからね。でもまたこんな作品と巡り会えるように、これからの自分がもっと頑張っていかなきゃとも思わせてくれた映画でした。

――キャリアや年齢、役を重ねてこられて、かつてとの変化をどう感じていますか？

井浦　うーん、変化ですか。いまだに同じ失敗を何度もするし、考えていることや根っこの部分は、デビューした頃と変わっていない感じがするんです。ただ、何事も続けてきたからこそ、変化を感じられるのかなとも思うんですよね。僕は、自分が「好きだ」と感じるものを大事にしていて、それと出会った瞬間も大切なんですけど、失敗があっても投げ出さずに継続してきたことが、もっと重要だった気がしています。でも20代の頃からずっと、逞しく優しくありたいなとは思っていました。当時は全然それが実感として掴めなくて、人に優しくしているつもりがお節介で独り善がりになってしまい、結局慢心になっていたこともあります。それから年齢を重ねて、好きなことを続けてこられたおかげで、心が逞しく優しくあるための術が分かってきました。メンタルだけでなくフィジカルも意識して、健やかな身体を作らなければバランスが取れなくなると、身をもって知りましたから……とは言っても、そんな簡単には変われないです（笑）。でも確かに変わっていくことは選択できるから、そこが人間の面白さでもあると思いますね。

©2020年「朝が来る」Film Partners
『朝が来る』
監督・脚本・撮影／河瀬直美
原作／辻村深月『朝が来る』〈文春文庫〉
出演／永作博美、井浦 新、蒔田彩珠、浅田美代子、佐藤令旺、田中偉登、中島ひろ子、平原テツ、駒井 蓮、山下リオ、森田 想、堀内正美、山本浩司、三浦誠己、池津祥子、若葉竜也、青木崇高、利重 剛
10月23日より全国公開

TRINIT
TRINITY
RINITY

BORN IN 1965

guest

豊原功補

自分の中にいるんですよ、「それでいいのか?」っていう想いが。そこを裏切ることもなかなかできない

撮影　ロブ・ワルバース（UN +PLUS UN inc.）　対話　山崎二郎

僕と同じ１９６５年度学年の方を招いて同級生話をするコーナー。今回は、俳優の豊原功補。１９８２年、16歳でデビューし、昭和の役者の佇まい、撮影現場の熱気を10代で体験。令和の今、シリアスからコミカルまでこなす演技に通底する古き良き役者感は稀有な存在だと感じていた。２０１７年には舞台『芝居噺「名人長二」』で企画、脚本、演出、主演をおこない、プレイング・マネージャーの領域に挑戦。そして２０２０年、映画『ソワレ』にて初の映画プロデュースをおこなった。若い２人の逃避行を描くも、一切の緩さがなく、昭和感やヌーベルバーグ感も醸し出す今作は、間違いなく傑作、だ。生まれ育った新宿、歌舞伎町にほど近い場所で逢った。

監督がいて助監督が育ってというような、黒澤 明さんの存在した時代に感じていたものも、もう一度見てみたい。ただ、立ち戻ればいいという話でもなく

山崎 役者の仕事を意識されたのは、お幾つくらいだったんですか？

豊原 明確に意識したのは15歳ですかね。他には振り向かず、もう決めていました。

山崎 オーストラリアに行かれていたことがあるじゃないですか？ その時は役者になると決める前ですか？

豊原 後です。当時は22、３歳で、お金もなく。少し貯めてはいましたけど。オーストラリアに行く前の２年間は日本の英会話教室に通って、行ってからは現地の学校に通いながら日本食レストランでバイトをしたり。当時は向こうでバンドも組んでいて、３ヶ月間でしたけど最高でしたね。住んでいたところがキングス・クロスという繁華街で、僕は新宿歌舞伎町が出身だから、少し似ていたんです。そこも自分にマッチしていました。だけど向こうにいる時に突然、日本の事務所から電話がかかってきて。ハリウッド作品『ミスター・ベースボール』のオーディションがあると言われたので、日本に帰ることになったんですけどね。

山崎 実は僕も25歳の時に初めて海外、アメリカはＮＹに行って、３ヶ月間でしたが、ＮＹにはインディペンデントで雑誌やフリーペーパーを作っている人たちがいっぱいいて、僕も自分でやろうと思って日本に帰ったので、今のお話、とても共感いたします。プレイング・マネージャーとして舞台の演出もやられ、今回、『ソワレ』ではプロデュースをされましたが、演じていたからこそ見える部分や、ご自分で得たものはありましたか？

豊原 すべて面白いですよね。俳優をやっていて現場で気付くことであるとか、他の作品を観て「どうしてこうならないんだろう？」という疑問みたいなものは、俳優誰しもが蓄積されていくと思うんです。例えば舞台演劇の場合は１つ

の平面といいますか、カメラが回れないので奥行きがとれない。そうすると自分の中で「寄り」、「引き」の画が演出の仕方によって作れるんですよね。お客さんはどこを見ているか分からないですが、やや意識的に、「今この人の寄りなんです」、「この人は引きでこう見て欲しい」とかを、照明と立ち位置、演技など色々な要素を混ぜ合わせて作っていけて。それに、自分が俳優であるというのがとても大きいですから、演技者の声、姿みたいなことにこだわってしまうし、一番いいところを引き出すっていうんですかね？「自分だったらこうだけど、あなたはどう？」というのが、非常に面白いですね。なので今回の映画も、プロデュースと言いつつ、ずっと現場にベタ付きでいました。本（脚本）作りからずっと関わって、最後の編集、音楽を入れるところまで。新たに知らなきゃいけないことも多かったし、（外山文治）監督にとっては邪魔だったこともあると思いますけど（笑）。

山崎（笑）でも、プロデューサーってそういうものじゃないですか？

豊原 日本では、プロデューサーがそこまで口を出さない印象です。僕が海外に何度か行った時には、必ず現場チームの中にプロデューサーもいましたし、感覚が違うのかもしれないです。今のプロフェッショナルの現場作りって――もしかすると昔の5大映画社があった頃のシステムからは離れて、テレビのやり方みたいなものが入ってきて、フィルムからデジタルになって、海外に行って勉強した方の撮影方法を取り入れて、という時代の流れを経たのちに、今はごちゃ混ぜにしたもので進んでいるのかもしれません。僕はギリギリ体験できましたが、監督がいて助監督が育ってというような、黒澤 明さんの存在した時代に感じていたものも、もう一度見てみたいから。ただ、立ち戻ればいいという話でもなく。

山崎『ソワレ』のパンフレットにある監督と小泉今日子さんの対談で非常にびっくりしたのが、演技については任せていたという。そこは、徹底的に構築するのか？と思っていました。

豊原　プロデュース陣がそこに入っちゃうと俳優が困ると思ったんですよ、やっぱり。それに舞台の方は本を作って演出をするという立場だから強く言えますが、今回は監督がすでにいて、自分で本をお書きになっている。なので、僕らが入ってはいけないという遠慮と、監督に引っ張ってもらいたいという気持ちもあったんですよね。演技面でも、監督がきちんと責任を持たないと、この映画は成り立たないんじゃないかな？と思ったから。

山崎　５大映画社のシステムというか、昭和の良いところを継承していく役割をやられている印象です。

豊原　身体に染みついているし、それしか知らないだけなんですよ。その当時の先輩方の立ち居振る舞いは、厳しいものがあったというか……監督たちも先輩方に立ち向かう迫力があったので、映画の現場はほとんど叫び合いだと思っていたくらいです（笑）。僕らの耳に入ってくる話って、勝新（太郎）さんや、（原田）芳雄さん世代の俳優さんたちで、どういう風に仕事を進めているか？というと、監督とぶつかるし、台本をどう読み込むか？解釈はどうなんだ？という。自分の中で、そういう姿勢で現場に臨むのは、俳優として刻んでおかないといけないものなんだと思いこんでいました。実際、若い頃、そのまま体現しようと現場に乗り込んだら、「生意気な奴」としか思われなかったですけど（笑）。僕、子供の頃にね、「安保反対！」って、遊びで連呼しながら走り回っていたんですが、山崎さんも経験ないですか？

山崎　はい、東大の安田講堂の放水映像は、原体験として非常に強くあります。

豊原　そうなんですよ。だから上と戦うという根本的な何かが刻み込まれている世代なんですよね。でもそうすると結構大変で（笑）。楽な生き方はなかなかできないけど、それを捨てたら、自分じゃなくなる気分になるから。

山崎　とても共感いたします。他人の評価より、ご自分が作ったものや行動に、自分が納得できるかどうか？というのが価値判断であるといいますか。

豊原　自分の中にいるんですよ、「それでいいのか？」っていう想いが。そこを裏切ることもなかなかできないから。それにしても、なんだか早くなかったですか？この年齢までくるのに。気分が全然変わらないんですけども。

山崎 まったくです。自分が20代の頃に見ていた、50代にいざなってみると、全然、大人になってないという自覚がありまくりです。ちなみに精神年齢的には、お幾つだと感じていますか？

豊原 産まれてからこのかた54年、精神年齢も何も0歳から変わっていないのでは？と気付きました。恐らく、経験と知識は、飯と排泄物の引き換えと同じかもしれません。精神は生まれながら個に宿っているのではないかな？と。今は時間が限られていく中で、やることをやらないとっていうのは本当に考えるんですよね。

山崎 バスケットボールをやってらっしゃると？

豊原 〈ROCKS〉というチームを持っていまして。10年くらいは一生懸命やっていましたが、ここ何年かは裏方の仕事であまり時間がなくて。高校の時はバスケ部、もっと前はボクシングをやっていたんです。子供の頃はどちらかというと気弱で引っ込み思案だったんですけど、野球がうまくないと仲間外れになっちゃう世代で、それがとてもキツくて。どうやって立ち向かうか？と考えた時に、小学校の4年生から〈協栄ジム〉に通い始めて。当時、具志堅用高さんも練習していましたから。

山崎 マジすか！　僕も野球大好きなんですが、僕も子供の頃はヘタでチームに入れず……40歳過ぎからトレーニングを始めて、今、子供の頃できなかった野球を20代相手にやってまして。最後に、豊原さんの歌が今、改めて聴きたいです。

豊原 一昨年の暮れに久々にライヴをやったんですけど、あっという間に1年ちょっと経ってしまいました。またバンドでやるのもいいですけど、アコースティック・ギターを持って、あいみょんとか歌ってみようかな？なんて、今、思っています（笑）。

© 2020 ソワレフィルムパートナーズ

『ソワレ』
監督・脚本／外山文治　出演／村上虹郎、芋生 悠、江口のりこ、石橋けい、山本浩司、他
〈テアトル新宿〉他、全国公開中

名球会、伝説の名選手たちの肖像

広瀬叔功

対話&撮影　山崎二郎　文　吉里　爽　編集協力　菊地伸明（未来サポート）

投手は２００勝または２５０セーブ、打者は２０００安打を記録した名選手が集う名球会。一握りのトップ・プレイヤーのインタヴュー連載。今回は２１５７安打、５９６盗塁の広瀬叔功選手に、２４５２安打、４６５本塁打の土井正博選手に登場いただいた。

そもそも、ホント野球を真剣にやったことないの、俺は。みんな、「俺はこんな努力してきて」と話すやろ？　ああいうのも好きやない

山崎　現役時代、記憶に残るベスト・シーズンはいつでしたか？　数字を見ると、１９６４（昭和39）年が素晴らしいです。打率・３６６で首位打者を獲得し、チームも日本一になったのがこの年かと思いますが、いかがでしょう？

広瀬　ええ加減やったからなぁ。首位打者獲った、その年やろうな。あの年は、練習を真面目にやったから。珍しく、自宅でも素振りしたよ。あの年は（A級10年選手制度の）10年ボーナスがかかっとったのとちゃうかな？　貧乏人やから「ここでタイトルを獲って、10年ボーナスをもらわな損じゃ」という頭やった。（当時のルーキーは）高額な契約金をもらってプロ入りしてくるけど、俺もノムやん（野村克也）もそうじゃなかったから。

山崎　シーズン途中、東映フライヤーズの尾崎行雄投手との対戦で左手首を痛めて腱鞘炎になったと？

広瀬　よう分からんけど、（その年は）バット・スイングをし過ぎてたのかな？　そやけど、俺はホント横着なんよ。頭悪いから、あんまり負傷のことも覚えてない。そもそも、ホント野球を真剣にやったことないの、俺は。みんな、「俺はこんな努力してきて」と話すやろ？　ああいうのも好きやない。

山崎　高校時代、（野球と並行して）陸上競技もやられていたという、珍しいキャリアですよね？

広瀬　（足の速さを知っていた）陸上部の顧問の先生から「やらへんか？」と声がかかると、助っ人で大会に参加してな。そんなええ加減なところがあったんや。野球も、そこまで真面目にやってないよ。県予選ではいつも1回戦負けや。年間通して、３、４試合くらいや。その程度のもんやで。

山崎　本格的に野球をやったのは、プロになってから？

広瀬　まぁ、そうやな。だって、高校の野球部にはコーチすらおらせんがな。

山崎　さほど真剣に野球をやってなかったのに、なんで南海ホークスの入団テストを受けようと思ったんですか？

広瀬　テストやないなぁ。鶴岡一人監督の知人の上原清治さんに誘われたんよ。中学校時代は、野球がうまかったから、いろんな話があったよ。「広島商業高校に来ないか？」とか。ただ、将来、野球で飯食うとか思いもせえへんからな。だから勉強して、普通科のある（広島県立）大竹高校に進学してね。うちの姉も学校の先生やったし、下の姉の旦那も広島大学の教授やし、周囲の期待もあって「ワシも大学行かないかんな」思うて。

山崎　お姉さん達と同じく、自分も「先生になる」と考えていたんでしょうか？

広瀬　「先生になるかなぁ？」という感じやったよな。もしなれても、ええ加減な先生だろうけどな（笑）。

山崎　走ることは好きだったんですか？

広瀬　好きじゃないけどな、速かったんやな。「これをやれ！」とかな、（上から）言われるのがあんまり好きじゃなかった。それだから（気ままに）野球やったり、（声が掛かれば）陸上をちょっとやったろうかっていう感じやな。ええ加減な男なんよ。

山崎　いやいや（笑）。野球と陸上競技の二刀流で高校時代を過ごされたと？

広瀬　二刀流じゃなく、ええ加減な男なんよ、気持ちが（笑）。

「数を稼ぐために盗塁をしよう」と思ったことはないもん。「勝つために、（必要に応じて）走ってやらないかんな」思うて走っとるから。「この場面で、一塁ランナーのワシがセカンド行けばええな」と思えば走る

山崎　プロに誘われて、南海ホークスに入りました。入ってみて、プロのレヴェルはどうでしたか？

広瀬　プロのレヴェルとか、分からんわな。そもそも、自分のレヴェルすら分からんしやな。

山崎　南海ホークスには、ピッチャーとして入団したと聞いたんですけど。

広瀬　何で採ってくれたんか、分からんよな。とりあえず、ピッチャーとして採ったんやろうな。

山崎　その後、ショートにコンバートされたんですよね？

広瀬　何やったか分からんで、俺は（笑）。ワシなんかな、プロに入るのにやな、（アマチュアでの実績を買われての）エリート扱いで入ってないからな。「（ピッチャーがダメなら）ショートやらせるか」みたいな、そんな感じやったんとちゃうかな？　例えば、六大学野球で実績を積んでエース候補としてプロ入りした杉浦（忠）みたいな選手と比べたら、俺なんかどうでもええ選手やから。

山崎　ショートをやらせたのは、身体能力がすごく評価されてのことだったんじゃないでしょうか？

広瀬　（プロ入りに際して）声を掛けてくれた上原さんは「広瀬はうまいな」と思うとったらしいんやけど、どこがうまかったのかもよう分からんけどな。多分、上原さんが鶴岡さんに「おい、広瀬を入れてやれ」と（進言してプロ入りできた）いう感じやったと思う。元々、南海ホークス側は「広瀬が欲しい」とは評価してなかったと思うよ。上原さんは鶴岡さんと広島商業高校の同級生で、鶴岡さんを「鶴！」と呼べるほどの間柄で、「ええ奴やから、広瀬を獲れ」

みたいな感じやったと思う。

山崎　「あまり練習しなかった」とおっしゃいましたが、さすがに入団当初の二軍ではすごく練習したんじゃないですか？

広瀬　分からんなぁ。一流の選手もおる中、ワシなんかひよっこで、どうでもええ選手や。

山崎　とは言え、3年目からは一軍定着してますよね？

広瀬　それも不思議やな。ドラフト上位で入団した訳でなし、ピッチャーで入ったけど、すぐに肩、肘を壊したわな。甲子園出た奴とか優秀な奴が入っとるからな、ワシなんか屁のかっぱや。

山崎　それが入団5年目にはオールスターに出て、一流選手として認められましたね。

広瀬　それも分からんよな。どうしてそうなれたのか、ワシにも分からん。ただ俺が言えるのは、チームメイトたちを見て、「あぁ、こいつらが甲子園行ったような奴か」とは思うたよな。ワシ自身は無名校の出身で、高校時代にまともな練習もしてないんやから。で、いざ一緒に練習するようになると、「何や、こいつら。誰がこいつらに負けるか！」っていう感じで、やっとっただけや。コーチにも、技術的な指導をされた覚えがないな。

大事なのは、「ベースのどこに着くか？」ということ。捕手からの送球と野手が捕球する位置で、ベースのどっち側にタッチするかを一瞬で判断して決める。そりゃ、泥棒しとるから、ワシは。鼠小僧次郎吉やから、門限破って夜中に宿舎に戻る際、訓練しとるからね（笑）

山崎　当時って、盗塁のサインが出て、走ってたんですか？

広瀬 高校の時はノー・サインやから。（弱小校で）サインなんてある訳がない。

山崎 プロなら、さすがにサインはありますよね？

広瀬 あんまり覚えてない（笑）。

山崎 じゃ、「チョロ、自由に走ってくれ」って感じだったんですかね？

広瀬 まぁ、その当時やからな。「塁に出たら好きにやれ」ちゅうもんやろ。そんなもんだと思うよ。まぁ、「盗塁をしたかったら、（自分の判断で）やれ」みたいな感じちゃうか。

山崎 １９６１（昭和36）年から5年連続盗塁王を獲られましたが、盗塁に対しての意識は変わりましたか？

広瀬 そんなに、「盗塁、盗塁」っていう感じやないよな。「数を稼ぐために盗塁をしよう」と思ったことはないもん。「勝つために、（必要に応じて）走ってやらないかんな」思うて走っとるから。「この場面で、一塁ランナーのワシがセカンド行けばええな」と思えば走る。盗塁のサインはなかったんとちゃうかな？

山崎 例えば、セーフになる自信があっても、試合の展開上、必要がないと思えば走らないこともあったんですか？

広瀬 そりゃ、あったよ。「（こんなシチュエーションで）走ってもしゃあないがな」と思えば走らない。ええ加減な男なんよ、俺は（笑）。

山崎 二盗と三盗では、三盗の方が難しいですか？

広瀬 三盗は１００％成功せなアカンからな。プロに入ってから「チームが勝たなアカン」と考え出したらな、少しは野球を考えるようになってな。高校時代、試合で勝った経験すらないレヴェルのワシがプロ入りして、一軍の試合で、二盗、三盗をするうちに、サードの方が（距離が）近いからな（とやっと気づいた）。

山崎 三盗の方がリードも大きく取れますよね？

広瀬（ベース上から）ピッチャーのモーションを見るわな。「このピッチャーのモーションなら行けそう」とか、だんだん分かってくるやん。分からん奴はアホやで。よっぽど、運動音痴じゃなければ、「このピッチャーのモーションなら、このタイミングでスタートを切って走ればええな」とか計算するようになるわな。これでも、スタートを切る際の足の蹴りとか、結構研究したんやから。誰も教えてくれへんから、左足を起点に素早くスタートを切って、いかにスムーズにトップ・スピードに入るか？　これを秘かに練習して。「スタートしてから短い距離でトップ・スピードに入るには、スタート時の左足の強い蹴りが大事やな」とか。

山崎 当時、盗塁と言えば、先輩である木塚忠助選手が有名でしたが、技術は教えてくれなかったですか？

広瀬 いや、全然！　こっちからも聞きゃせんよ。プロなんだから、（自分の企業秘密を）教えてくれへんて！

山崎 スタートを切る際は、短距離走のクラウチング・スタートのように、低い体勢から走るイメージでした？

広瀬 セカンド・ベース方向に向けて走らにゃいかんでしょ？　そっち向いて走るには、どうしたらええか？やな。ホーム側に向いていた身体を素早くセカンド側にターンして、左足の蹴りと共に、セカンド・ベースへ一直線に走る体勢に持って行く。（こうやって）それを瞬間的に、かつスムーズにおこなうイメージでな。

山崎（ターンとスタートが）速い！　右（セカンド・ベース側）にターンした瞬間に、左足が1歩前に出てますね！　しかも、走り出しの姿勢が低いです。今の現役のプレイヤーはもっと高いところからスタートしますが。スタートを切ってから、何歩目くらいでトップ・スピードに到達しますか？

広瀬 分からんな。スタートを切ってすぐトップ・スピードになる気持ち、そういうイメージで行っとるから。

山崎 モーションを盗むために、ピッチャーの癖は意識されてましたか？

広瀬 あんなもん、見たことないし、気にした事もない。基本は、投手が右投手なら左足を上げる瞬間に全神経を集中して、スタートを切るということ。

山崎 リードの歩幅は、どのくらいだったんですか？

広瀬 そんなの、気にしたことないよ。大切なのは、いかに（素早く）スタートを切って、トップ・スピードに入るか？それしか考えてない。

山崎 リードを取る際、帰塁の意識っていうのは、どのくらいあったんでしょうか？

広瀬 ピッチャーが牽制してきた場合、「スタートを切る形を利用してベースに帰る」ということをしてたね。だから、セカンド・ベース方向にスタートを切るのとファースト・ベースにいつでも戻れるように準備するように意識するのと、意識は五分五分やった。

山崎 帰塁の際、ファースト・ベースには、頭から帰ったんですか？

広瀬 そうやな。その方が速いから。

山崎 スライディングの際、今の選手だとベースの直前で滑り込むスタイル、足をベースにぶつける感覚の方が多いんですが、広瀬さんはどうでしたか？

広瀬 それでええんや。ベースに速く着けばいいんだから。

山崎 ベースや野手に当たって怪我をするリスクもあるじゃないですか？

広瀬 そんなこと、考える必要ない！ ランナーの目標はベースしかないんやから。ベースに速く着くにはどうしたらいいか？ こちらの走路に野手がいれば、蹴っ飛ばせばいいんや。怪我しても知らんよ。

山崎 二盗の際、ヘッド・スライディングはあまりしなかったですか？

広瀬 やったことあるよ。（タイミングが）ヤバイ時はな。ヘッド・スライディングなら、野手の動きに応じて、瞬間的な判断で（ベース・タッチに）右手も左手も使えるメリットがあるから。

山崎 スライディングの際は、曲げた足をベースに引っ掛けるような形で滑り込むフック・スライディングは使わず、ベースに対してストレートに進むスタイルでしたか？

広瀬（進行方向に足を延ばすスタイル以外は）やったことない。直進した方が速いやろ？　それが一番速い。「最短最速でベースに着くには、ベースのどこにタッチするか？」を考えればいいのよ。逆に自分が守備側でランナーが盗塁してきたら、ランナーの脚だけを見とけばいいわけだから。

山崎 三盗の際は、タッチを避けて、外側からサード・ベースを回り込むスライディングはされてましたか？

広瀬 そんなこと、せえへん。ベースに向かって直進して、飛び込むのが一番速いから。「ちょっと（タイミングが）ヤバイ」と思ったら、ヘッド・スライディングやな。ベースのどこに着くかは瞬時の判断。回り込む暇があるなら、（直進して）ベースに着いてるよ。大事なのは、「ベースのどこに着くか？」ということ。捕手からの送球と野手が捕球する位置で、ベースのどっち側にタッチするかを一瞬で判断して決める。そりゃ、泥棒しとるから、ワシは。鼠小僧次郎吉やから、門限破って夜中に宿舎に戻る際、訓練しとるからね（笑）。

広瀬叔功（ひろせよしのり）／広島県廿日市市出身。1936年（昭和11）、8月27日生まれ。1955（昭和30）年、投手として南海ホークスに入団。肘を痛めて野手に転向。走攻守3拍子揃ったオールラウンド・プレイヤーとして活躍、「鷹の爪」とも呼ばれたリードオフマンとして一時代を築く。プロ生活22年で、通算成績2190試合、2157安打、131本塁打、705打点、596盗塁。2年目の1956（昭和31）年、内野手として一軍入りし、初打席から7打席連続ヒットを放つ。1961（昭和36）年から5年連続盗塁王を獲得。1962（昭和37）年より、遊撃手から外野手に転向。通算盗塁数596は歴代2位、通算盗塁成功率.829及びシーズン626打数は歴代1位。自己最多の72盗塁を記録した1964（昭和39）年には31盗塁連続成功を達成、打率.366で初の首位打者を獲得。盗塁王と首位打者のダブル・タイトル獲得は史上初の快挙。1972（昭和47）年には2000安打達成。1977（昭和52）年、現役引退後、南海ホークス監督、福岡ダイエー・ホークスのコーチを務めた。1999（平成11）年、野球殿堂入り。

名球会、伝説の名選手たちの肖像

土井正博

対話&撮影　山崎二郎　文　吉里爽　編集協力　菊地伸明（未来サポート）

高卒でプロ入りしていたら（2年目に一軍昇格しても）「19歳の4番打者」でしたから、高校中退で入団した自分を「18歳の4番打者」というネーミングで売り出そうという球団のプランありきでした

山崎　記憶に残るベスト・シーズンを挙げるなら、いつになりますか？

土井　ホームラン40本を打った時、１９７１（昭和46）年ですね。打点も１００以上だったかな？

山崎　初のホームラン40本に加えて、打率．３０９も記録したこの年、バッティングに大きな変化はあったんですか？

土井　ちょっとずつ進歩して、感じは掴んでたんですが、ホームランが40本にまで増えるとは思わんかったし……。

山崎　前年のホームラン数11本から飛躍的に本数が伸びているので、何か掴んだものがあったのかな？と。

土井　そもそも、前年はあまり試合に出てないんですよ。シーズン半ばで出場停止になり、褌を締め直して練習をとことんやった結果が、翌年の好成績に繋がったというね。（出場停止期間中は）球場には行けないですから、（自宅でできるメニューをおこないつつ）ひたすら自分との戦いですよね。

山崎　１９７５（昭和50）年、近鉄バファローズから太平洋クラブライオンズに移籍して、34本塁打を放ち本塁打王の初タイトルを獲得されました。これは移籍が契機になったんでしょうか？

土井　はい。自分の場合、こういう節目みたいなタイミングと、成績のピークが重なってくるんですよね。同じ環境でぬるま湯に浸り過ぎるとダメなのかな？という……。

山崎　近鉄バファローズは、４番打者の土井さんをどうしてトレードに出したのかな？と思ったんですが。

土井　当時（ＦＡ制度の前身の）「10年選手制度」の移籍を検討する中、太平洋クラブライオンズの監督に就任された江藤愼一さんから「ウチに来ないか？」と誘いがあり、守備力の衰えもあって移籍が実現したんです。

山崎　トレードがまとまった後でＤＨ制度ができて、「こんなことなら、土井を出すんじゃなかった」と近鉄バファローズのフロントが地団駄踏んだ話が有名で。移籍先の太平洋クラブライオンズは江藤さんがプレイング・マネージャーでしたが、チーム環境にフィットした感じはありましたか？

土井　大洋ホエールズから移籍してきた江藤監督を筆頭に、自分以外にも、日本ハムファイターズから白 仁天、ロッテオリオンズから吉岡 悟が移籍して来て、一匹狼の集まりという雰囲気がありましたね。

山崎　近鉄バファローズ入団当時に話を戻すと、「千葉 茂監督の体制が続いていたら『18歳の４番打者』も実現しなかったのでは？」という声があったようですが、いかがですか？

土井　根本陸夫さんのスカウトで高校を中退してプロ入りしたものの、当時の監督の千葉さんは、元々ライト・ヒッティングが得意な巧打者タイプで。僕は振り回す方やから、「これはダメ」と烙印を押された感はありました。１年目に二軍で規定打席に到達して、打率．３０９を打ってね。根本さんからも、「一軍は最下位だし、シーズン最後の数試合は昇格して出場機会がもらえるんじゃないか？」という話もあって意気揚々と待っていたところ、結局、昇格できずに落胆した思い出があります。

山崎　急転直下、千葉監督が退任され、現有戦力のチェックのため、新監督の別当 薫さんから「秋季練習に出てこい」とお呼びがかかりました。

土井　「ファームにこういう選手がいる」とスカウトの根本さんが根回ししてくれていたんでしょうね。秋季練習に参加すると、別当さんが「頑張れ」とアメリカ製の〈ローリングス〉のグラブをくれてね。

山崎　〈ローリングス〉のグラブ、当時は貴重なものですよね。

土井　千葉さんから別当さんに監督が代わって、整理対象選手だった状況から救われたというね。「監督の野球観次第で起用する選手も違う」ということを知ったのは、後に僕がコーチになってから活きました。「これは」と思う若手選手がいればどんどん一軍に推薦して、レギュラー起用してもらうことで選手の才能が開花するという経験ができましたから。

山崎「18歳の4番打者」が土井さんの代名詞になりましたが、背景には別当監督の我慢強い起用がありました。

土井 高卒でプロ入りしていたら（2年目に一軍昇格しても）「19歳の4番打者」でしたから、高校中退で入団した自分を「18歳の4番打者」というネーミングで売り出そう」という球団のプランありきでした。プロ入り当時の近鉄バファローズの先輩は、関根潤三さんであったり、自分からしたら親父みたいな年代の方が多くて、どう接していいか分からんよね（笑）。

山崎 結果が出ない時に、別当監督に「変えてください。4番を外してください！」とは言いませんでしたか？

土井 言いましたよ！ 4番に起用された１９６２（昭和37）年の開幕直後は（相手投手も自分を知らないので）、カンカンカンと打てたんですよ。ホームランも、最初の一月くらいで3本くらい打ててね。でも結局、ホームランもシーズン5本で終わってもうてね。警戒され出したら、皆目打てんようになって。打率も2割そこそこでしょう。それで4番打ってたら、「こらぁ、ボケェ！」みたいな〈日生球場〉でのヤジなんてすごくキツくて、18歳の自分としては（精神的に）持たない訳ですよ（苦笑）。「2、3日休ませて欲しい」という想いで、「監督、すいません。休ませてください」と監督室に告げに行ったところ、別当さん、ごっつい血相でね。「馬鹿野郎！ お前をここで4番から外したら、一生出てこれないぞ！ 甘ったれるな。使ってる俺の方がどれだけ悲しいか、どれだけ苦しいか、考えたことがあるんか！ それやったら、もう1回やり直せ！」と諭されて。シーズン序盤、たやすく打てたんでね。新聞に書き立てられて有頂天になったところで、相手から研究されて皆目打てなくなり……。ちょっと努力して、最後は．２３１で終わったですけど。その時に、「ホップ、ステップ、ジャンプ」ということを教えてもろうたんですね。レギュラー1年目はしんどいけど、2年目、3年目とだんだん慣れて楽になってくる。だから、最初は苦労しとけっていうね。こうした自分の経験が、教え子たちにも当てはまってね。松井稼頭央、中島宏之にしろ、レギュラー1年目の打率は2割そこそこですよ。翌年はステップして．２７１くらい打ってるはず。僕自身も、レギュラー1年目が．２３１で、2年目が．２３６、3年目は．２９６と打率を上げていった。一流になる選手は、レギュラー1年目の成績がナンボ悪くても、野球を舐めたらアカンなという経験を糧にして、３段階で成績を上げてくるなということを身をもって体験しました。

野村克也さんがマスク越しにブツブツ言うんですよ。「ナンボ打ってもファウルやなぁ。ナンボ打ってもファウルならアカンわ。またインサイドいくぞ」ってね

山崎　プロ入り3年目、１９６４（昭和39）年の成績が、28本塁打、98打点、．２９６。すごい数字ですよね。バッドのヘッドを前方に倒し、体を後方に捻る、あの独特の構えっていうのは、最初からそうだったんですか？

土井　高校の時は普通の構えやったですね。自分はものすごく腕力が強いんですよ。それもあって、引っ張った打球がことごとく三塁線よりぐっと左に逸れてファウルになって。（南海ホークス戦で打席に立つと）野村克也さんがマスク越しにブツブツ言うんですよ。「ナンボ打ってもファウルやなぁ。ナンボ打ってもファウルならアカンわ。またインサイドいくぞ」ってね。インサイドの球をバーンと打つと、レフト側にとてつもない角度で切れるファウルなんですよ。それでカウントを稼がれて、最後はアウトサイドへのスライダー（でたやすく打ち取られる）。「おい、正博、ちょっとは頭使わなアカンな！」と言われて。で、別当さんに「どないしたらいいですか？」と聞いた訳です。すると、「バットのヘッドを遅らせて、詰まるくらいにしないと絶対ダメや」とアドヴァイスをもらえてね。バック・スイングに「遊び」を入れる感覚で詰まるくらいの感じで打っても、ヘッド・スピードが速いから打球がフェア・ゾーンに入って行くんですよね。それがね、３年目で28本塁打できるきっかけになるんですよね。ただ、あの打ち方は、近藤和彦さんの天秤打法と同じで、僕やからできたんじゃないかな？と思いますね。僕の場合、通算４６５本塁打のうち、ライトへのホームランはわずか２本くらいしかないんです。（意識して）流したことはないんですよ。ヒントをくれたのは、荒川　博さん。（１９７１年より近鉄バファローズ監督を務め）お世話になった岩本　尭さんが荒川さんと合気道仲間だったご縁で、アドヴァイスを貰えてね。「左足を踏み込んでいけば、外の球は真ん中になる。ミートが遅れたら打球が自然とライト方向に行くので、無理に流す必要はない。外の球をライトへ打とうと思うとバッティングが小さくなる」という荒川さんの理論が打撃改造のベースになりました。

山崎　打席で体を捕手側に捻って腰をクッと入れるルーティーンは、どういう意識付けだったんですか？

土井　あれはね、詰まってもええから、軸足（右足）に体重を残そうという意識でやってました。「飛ばそう、飛ばそう」と思うと、どうしても体重が前に行きがちなので。〈後楽園球場〉で、東映フライヤーズのマッシー村上（村上雅則）から詰まった当たりのホームランを打ったことがあって、「いい塩梅の詰まるって、こんな感じやな」と思ったんですね。芯で打ってもとんでもない（レフト側への）方向のファウルになるので、「詰まる勇気」が出来てきたというね。

山崎　引退の前年１９８０（昭和55）年は、打率．２８４、ホームラン23本で、中軸として見事な成績でしたが、引退を考えたのはどういうきっかけがあったんでしょうか？

土井　１９８１（昭和56）年はね、ちょうど目標にしていた長嶋茂雄さんの通算ホームラン４４４本を抜いたんですよ。通算安打数の２４７１もあと20本ほどで抜けましたから、翌年も現役を続けるつもりでいたところ、根本さんに「もう辞めろ」と言われてね。「次期監督が広岡達朗に決まった。広岡が監督なら、『肉食べたらアカン』とか言われて、お前としょっちゅう喧嘩になるぞ。今、ファームには、伊東 勤、秋山幸二という、将来の日本球界を背負えるだけの逸材がいる。お前が引退することで彼らにチャンスが来るんだ。（先輩にポジションを譲ってもらって）自分が18歳で4番を打った時のことを思い出せ」と諭されて、「すみません。分かりました。身を引きます」と（引退を決めました）。

コーチの進言を受け入れてくれるような監督に僕は恵まれたし、使ってくれる監督に出会えたからこそ、選手たちも育ってくれたというね

山崎 コーチ時代の話になりますが、１９９６（平成８）年、土井さんの進言で松井選手がレギュラーに抜擢された時、あれだけエラーしながらも東尾 修監督はよく使い続けたなと思います。

土井 彼には持って生まれた肩の強さ、足の速さがありましたから。根本さんも常々、「ピッチャーで4番打ってる奴。足の早い奴を探してくれ」と、スカウトに言ってましたね。彼がプロ入りした時、「ピッチャーで行くのか？野手で行くのか？どっちや？」という話になり、ピッチング・コーチは「うまくいって、2～3勝じゃないですか？」という回答で、「俊足強肩を活かすために、ショートにコンバートして打者でいこう」と決まったんです。中島も外野手として新人王を獲った小関竜也も、早期にピッチャーから野手に転向して成功しました。よそのチームでありがちなのは、ピッチャーで育成に失敗して、「肩が壊れてから野手にする』というパターン。肩が壊れてしまうと、野手でさえ、たやすくできるもんじゃないから。だから、西武ライオンズで良かったのは、ピッチャーがやれる状態の早い時期に、「ピッチャーで行けるか？行けないか？」の判断をするところ。

山崎　２００４（平成16）年には、「中島選手をレギュラーでぜひ使ってほしい」と、伊東 勤監督に進言してブレイクに繋がった話が知られてます。

土井　（実際にゲームで起用して）選手を育てられるのは監督しかいないのでね。コーチがナンボ（技術指導を）やっても、監督が使ってくれなかったら結果は残りませんから。僕が若手の時は、別当監督に我慢して起用してもらった経験があるだけに、コーチになってからは見込みのある選手を監督に推薦してレギュラー起用を進言してきました。東尾監督の時代には、松井、高木大成、大友 進の３人のレギュラー起用を進言しました。伊東監督の時に指導したのが、中島、中村剛也、栗山 巧。渡辺久信監督の時には、浅村栄斗、秋山翔吾を手掛けてね。何しろ、コーチの進言を受け入れてくれるような監督に僕は恵まれたし、使ってくれる監督に出会えたからこそ、選手たちも育ってくれたというね。

山崎　超一流プレイヤーにして名コーチでもあった土井さんですが、コーチングに必要な我慢強さ、スキルをどうやって身につけましたか？

土井　いやー、そんなもんハッタリですよ（笑）。自分が指導した選手を監督に「使ってください」と言うのは、ある程度（練習ぶりを）見てたら分かるんですよね。（見込みのある選手は）適材適所を考え、（手本になる、同じタイプの）ええ選手のところに付けさせます。例えば、秋山なら、「お前は簡単に打ち過ぎるから、栗山の技術を学べ」と（同じ外野手で巧打者タイプの）栗山に付けさせました。浅村は中島に付けて「俺がお前に言うたことを、お前からも浅村に言うたってくれ」と伝えてね。「メジャーに行きたければ、自主トレに連れて行って浅村の面倒を見てから行け」と、秋の自主トレから帯同してもらったんです。だから、先輩が後輩に、身振り手振りで自分が学んだ技術を伝えていったんですよ。中島が浅村を育ててくれたようなものですよ。

山崎　そういう伝統があればこそ、西武では次から次へとスター選手が育ってくるんですね。ホームラン・バッターの山川穂高選手なら、中村選手の背中を見て育つという……。

土井　同じタイプの先輩の背中を見て、自然と後輩が育っていくというね。例えばスランプになった時、先輩には相談しやすいですから。後輩に慕われたら先輩は嬉しいし、それでええんですよ。

土井正博（どいまさひろ）／大阪府柏原市出身。１９４３（昭和18）年、12月8日生まれ。現役生活20年で、２４５２安打、４６５本塁打、１４００打点を記録。１９６１（昭和36）年、大鉄高等学校を2年で中退し、近鉄バファローズに入団。長打力が別当 薫監督の目に留まり、プロ入り2年目に「18歳の4番打者」として一軍デビュー。１９６４（昭和39）年、リーグ最多安打を記録。同年より6年連続で20本塁打以上を記録し、近鉄の主力打者としてチームを牽引。１９７５（昭和50）年に太平洋クラブライオンズに移籍した初年度、34本塁打を放ち本塁打王の初タイトルを獲得。１９７７（昭和52）年、２０００安打達成。１９７８（昭和53）年、ＤＨのベストナインに選出。１９８１年、現役引退。解説者を経て、埼玉西武ライオンズ、中日ドラゴンズで打撃コーチを務め、清原和博、松井稼頭央、中島宏之、中村剛也、栗山 巧、秋山翔吾、浅村栄斗、高橋周平ら、チームの主力となるスラッガーを育て上げた。

“コンピレーションCDシリーズ『middle & mellow』計8タイトルがリリース中です”

選曲＆監修・山崎二郎（ステッピンアウト！）jiroyamazaki

〈Amazon Music〉、〈Apple Music〉、〈AWA〉、〈Spotify〉のサブスクリプションでプレイリスト公開中

what is middle & mellow?

R&B、ヒップホップ、J-POP、昔の音源など、ジャンルを横断して、middleまたは、mellowをキーワードに紹介。70年代、シティ・ポップスを聴いていた世代、80年代、AORに馴染んでいた世代、90年代、「渋谷系」にハマっていた世代、そして、今のサブスクリプション世代と、同じビート感を通して、異なったジェネレーションが、良い音を共有できれば、サイコーです。

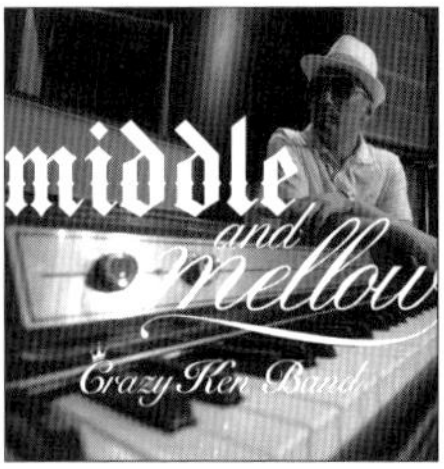

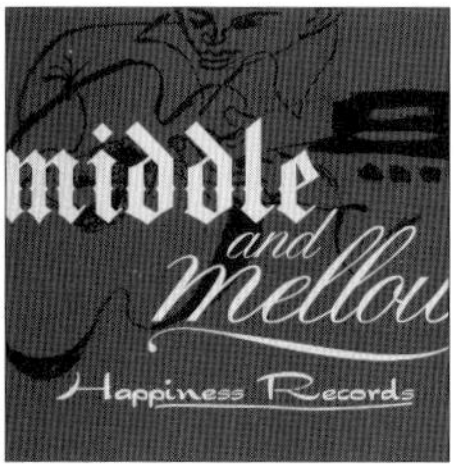

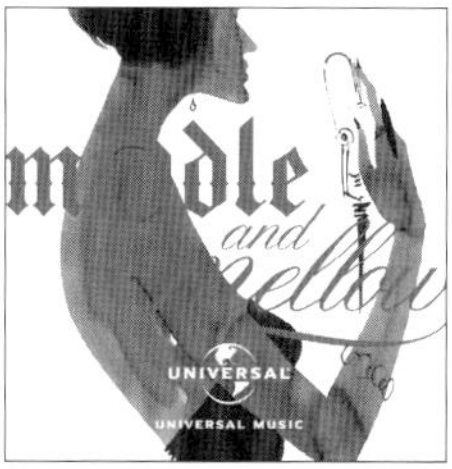

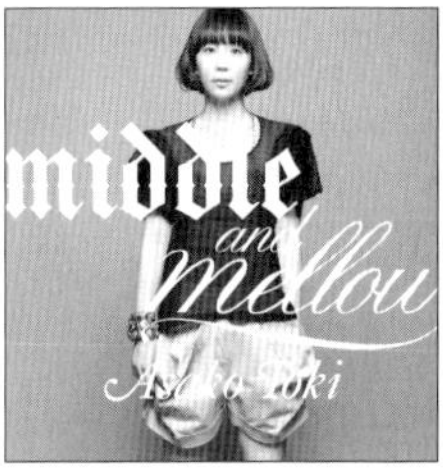

『middle & mellow of Crazy Ken Band』

〈Almond Eyes〉 XNAE-10018　2,520円(税込)

『ZERO』収録の「ハマ風」の新ヴァージョン「ハマ風～ for middle & mellow ～」、DJ KENTA MIXの「タオル×音楽力(DJ KENTA Summer Breeze Mix From CONTRAX)」も収録。加えて、「ヨコスカンショック」のライヴ・ヴァージョン、「7時77分」の新ナレーション・ヴァージョンと、初音源も！

『middle & mellow of Happiness Records』

〈Long Happiness / Happiness Records〉 HRAD-00036　2,520円(税込)

Saigenji、流線形が所属する、サウダージ感溢れるサウンドをリリースするレーベル〈ハピネスレコード〉の楽曲からチョイス。他、OUT OF SIGHT PRODUCTS、amor fati、Carnival Balloon、JUA、dahliaの楽曲を収録。

『middle & mellow of toko furuuchi』

〈ポニーキャニオン〉　PCCA-02858　2,625円(税込)

デビュー25周年を迎えた古内東子。2003～2005年、〈ポニーキャニオン〉からリリースされた楽曲から選曲。CMで使用された「Beautiful Days」が収録されています。

『middle & mellow of Universal Music』

〈Universal Classics & Jazz〉　UCCU-1215　2,520円(税込)

インディア・アリー、クイーン・ラティファ、ジャザノヴァ、セルジオ・メンデス、ボーイズIIメンetc…と、豪華なアーティストの楽曲を誇る〈Universal Classics & Jazz〉の音源を中心として選曲したオムニバス・アルバム。

『middle & mellow of Asako Toki』

〈LD&K〉　202-LDKCD　2,415円(税込)

アルバム『SAFARI』が好評の土岐麻子。〈LD&K〉、〈エイベックス〉とレーベルをまたいでの選曲です。

『middle & mellow of P-Vine Records』

〈P-VINE〉　PCD-93241　2,415円(税込)

数多くの豊富な音源の中から洋楽R&Bを中心とした選曲です。

『middle & mellow : groovy wired of Knife Edge』

〈Knife Edge / ポニーキャニオン〉　PCCA-02996　1,980円(税込)

全13曲中8曲が新録音！　L & J、GAGLE、KOHEI JAPAN、COMA-CHI、Jazztronik、TWIGY、BUZZER BEATS、Home Grown、Bonnie Pink、MIka Arisaka、Momoe Shimano、YOUNGSHIM、Romancrewの楽曲で構成です。

『middle & mellow of paris match』

〈ビクターエンタテインメント〉　VICL-64550　2,592円(税込)

2015年、デビュー15周年を迎えたアニヴァーサリーでリリース。初のオール・イヤー、オール・レーベルからの選曲です。

BACK NUMBER

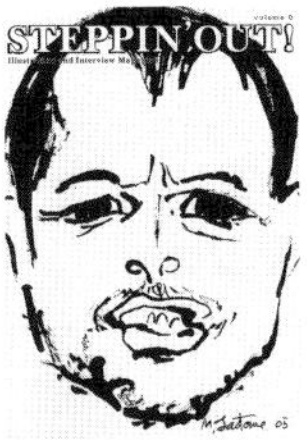

STEPPIN' OUT!
VOL.0 600円(税抜)
COVER STORY /
矢沢永吉
浦田賢一、大沢伸一、沖野修也、坂田真彦、佐藤信幸、高田文夫、田中知之(FPM)、ねじめ正一、平野雄大、藤井フミヤ、藤原ヒロシ、松尾"KC"潔、みうらじゅん、ムッシュかまやつ、横山 剣(クレイジーケンバンド)、リリー・フランキー、渡辺俊美(ZOOT16 / TOKYO No.1 SOUL SET)、佐野元春、BIKKE(TOKYO No.1 SOUL SET)、谷中 敦(東京スカパラダイスオーケストラ)、浅井健一

STEPPIN' OUT!
WINTER 2008
VOL.1 1,000円(税抜)
COVER STORY /
横山 剣(クレイジーケンバンド)
宇崎竜童、大沢伸一、奥田民生、辻 仁成、童子-T、長谷川京子、ポール・ウェラー、リリー・フランキー

STEPPIN' OUT!
SPRING 2009
VOL.2 952円(税抜)
COVER STORY /
松任谷由実
吉井和哉、紀里谷和明、工藤公康(横浜ベイスターズ)、辻 仁成、冨田恵一、ムッシュかまやつ、横山 剣(クレイジーケンバンド)

STEPPIN' OUT!
SUMMER 2009
VOL.3 1,238円(税抜)
COVER STORY /
矢沢永吉
ウィル・アイ・アム(ブラック・アイド・ピーズ)、工藤公康(横浜ベイスターズ)、竹中直人、小宮山 悟(千葉ロッテマリーンズ)、紀里谷和明、石井琢朗(広島東洋カープ)

STEPPIN' OUT!
WINTER 2010
VOL.4 1,429円(税抜)
COVER STORY /
鈴木雅之
大瀧詠一、小林和之(EPICレコードジャパン代表取締役)、田代まさし、丹羽昭男(エス・エス・エスシブヤ楽器代表取締役)、槇原敬之、山口隆二(元〈ルイード〉代表取締役)、湯川れい子、浅野忠信、小久保裕紀(福岡ソフトバンクホークス)、辻 仁成、トム・フォード、パッキー井上、本木雅弘、山崎武司(東北楽天イーグルス)

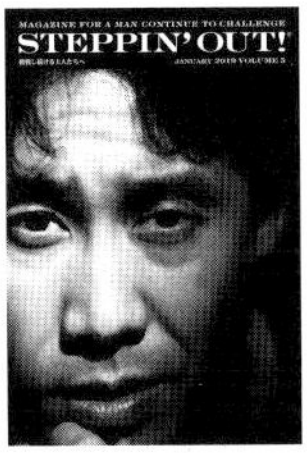

STEPPIN' OUT!
JANUARY 2019
VOL.5 1,200円(税抜)
COVER STORY /
大泉 洋
渡部えり、時任三郎、SHERBETS、小宮山 悟、遠藤憲一、中村紀洋、古田新太、新羅慎二(若旦那)、塚本晋也
STEPPIN' OUT! presents Movilist ムーヴィリストというライフスタイル～福岡・上五島編 BLACK & WHITE MEMORIES OF TURKEY by 永瀬正敏

STEPPIN' OUT!
MARCH 2019
VOL.6 1,200円(税抜)
COVER STORY /
安田 顕
奥田瑛二、三上博史、香川照之、永瀬正敏、藤倉 尚、大森南朋、安藤政信、鈴木尚広
STEPPIN' OUT! presents Movilist ムーヴィリスト、冬の長崎～熊本を移動し、愉しむ

STEPPIN' OUT!
JUNE 2019
VOL.7 980円(税抜)
COVER STORY /
スガ シカオ
滝藤賢一、谷中 敦(東京スカパラダイスオーケストラ)、原 恵一、亀田誠治、SODA!、上川隆也、長谷川京子

STEPPIN' OUT!
AUGUST 2019
VOL.8 980円(税抜)
COVER STORY /
三上博史
高橋源一郎、近田春夫、宮沢和史、ノーマン・リーダス、武田大作、多村仁志
STEPPIN' OUT! presents Movilist ムーヴィリスト、尾道、会津、松山を往く、ムーヴィリスト、金沢を往く

STEPPIN' OUT!
OCTOBER 2019
VOL.9 980円(税抜)
COVER STORY /
オダギリ ジョー
橋爪 功、北大路欣也、柄本 明、舘ひろし、横山 剣(クレイジーケンバンド)、中井貴一、唐沢寿明、吹越 満、沢村一樹、渡部篤郎
STEPPIN' OUT! presents Movilist ムーヴィリスト、北海道を往く featuring 広瀬すず

STEPPIN' OUT!
DECEMBER 2019
VOL.10 980円(税抜)
COVER STORY /
佐野元春
瀬々敬久、松重 豊、松尾スズキ、仲村トオル、坂井真紀、西島秀俊、白石和彌、窪塚洋介
STEPPIN' OUT! presents Movilist ムーヴィリスト、東山、富良野、稚内、沖永良部島を往く

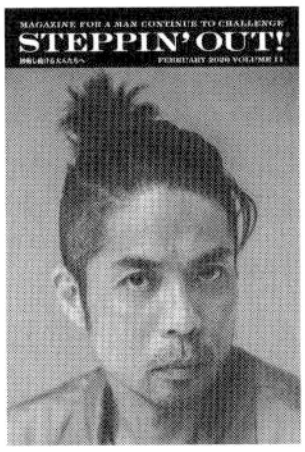

STEPPIN' OUT!
FEBRUARY 2020
VOL.11 980円(税抜)
COVER STORY /
久保田利伸
市村正親、江口洋介、大沢たかお、藤木直人、永野
STEPPIN' OUT! presents Movilist ムーヴィリスト、沖縄・西表島、竹富島を往く、星野佳路(星野リゾート代表)

STEPPIN' OUT!
APRIL 2020
VOL.12 600円(税抜)
COVER STORY /
東山紀之
寺脇康文、永瀬正敏、織田裕二、吉田栄作、大泉 洋×小池栄子
STEPPIN' OUT! presents Movilist ムーヴィリスト、冬の青森を往く

STEPPIN' OUT!
JUNE 2020
VOL.13 600円(税抜)
COVER STORY /
岡田准一
ASKA、石橋蓮司、伊東輝悦、田中泯、玉木 宏、常盤貴子
STEPPIN' OUT! presents Movilist ムーヴィリスト、初春の松江、出雲を往く

STEPPIN' OUT!
OCTOBER 2020
VOL.14 600円(税抜)
COVER STORY /
妻夫木聡
岡本健一、緒川たまき、窪塚洋介、小泉今日子、豊原功補、仲間由紀恵、行定 勲
STEPPIN' OUT! presents Movilist 鈴木理策、佐久間由衣、ムーヴィリスト、那須高原を往く

Movilist ACTION 1
980円(税抜)
COVER STORY /
1984年と2014年。『VISITORS』から『MOVILIST』へ。佐野元春と往くニューヨーク
波瑠、大谷健太郎、安藤美冬、木村文乃、江口研一、大沢伸一、若旦那、他 ESSAY / 江 弘毅、谷中 敦(東京スカパラダイスオーケストラ)

Movilist ACTION 2
980円(税抜)
COVER STORY /
『ナポレオンフィッシュと泳ぐ日』から『BLOOD MOON』へ。1989年と2015年。佐野元春と往くロンドン
江 弘毅、山崎二郎、佐々部 清、市川紗椰、今井美樹、安藤美冬、江口研一、永瀬沙代

Movilist ACTION 3
980円(税抜)
COVER STORY /
A Treasure Found in Iriomote Island, Okinawa 柚希礼音、沖縄・西表島で休暇を過ごす
波瑠、大谷健太郎、笹久保 伸、タクシー・サウダージ、山崎二郎、木村文乃、永瀬正敏、本田直之

INFORMATION

STEPPIN' OUT!　ステッピンアウト！

facebook : @steppinoutmagazine　Instagram : magazinesteppinout　twitter : @OutSteppin

BARFOUT!　バァフアウト！

1992 年創刊以来 28 年、新しい世代の表現者を「批評」するのではなく、「応援」するカルチャー・マガジン。毎月 19 日発売(月により変動します)。

facebook : @barfoutmagazine　Instagram : barfout_magazine_tokyo

twitter : @barfout_editors

Movilist　ムーヴィリスト

facebook : @movilistmagazine　Instagram : movilist_magazine_tokyo

twitter : @movilist

Brown's Books & Café　ブラウンズブックス＆カフェ

音楽、演劇など街ごとカルチャーな下北沢。平日は『ステッピンアウト！』、『バァフアウト！』編集部が土日はブック・カフェに。山崎二郎の本棚がそのまま展開。全て販売もしています。

営業時間 13:00 〜 20:00　TEL.03-6805-2640

facebook : @brownsbooksandcafe　Instagram : brownsbooksandcafe　twitter : @BrownsBooksCafe

JIRO YAMAZAKI　山崎二郎

facebook : @ jiroyamazaki　Instagram : jiroyamazaki

PRESENT

1. 堤 真一　(表紙デザインポスター 3 名様)
2. 黒沢 清×蒼井 優　(非売品プレス 3 名様)
3. 升 毅　(サイン入りチェキ 2 名様)
4. 井浦 新　(サイン入りチェキ 1 名様)

このページ右下の「プレゼント応募券」を貼り、①お名前、②ご住所、③お電話番号またはメイル・アドレス、④この号を読んだご感想、⑤上記のご希望のプレゼント番号を、官製はがきにご記入の上、以下の住所までご応募ください。抽選でご希望のプレゼントをお送りします（発表は発送をもって代えさせていただきます）。

ご記入いただいた個人情報は、プレゼントの発送のみに利用し、外部に提供することはございません。アンケートの内容は編集参考資料とさせていただきます。

締切／ 2020 年 12 月 4 日消印有効

応募先／〒 155-0032　東京都世田谷区代沢 5-32-13-5F

ステッピンアウト！ 2020 年 12 月号プレゼント係　宛

NEXT ISSUE

次号のステッピンアウト！ 2021 年 2 月号は 2020 年 12 月 4 日発売予定です。

内容は決まり次第 SNS でアップしていきますので、是非見てみてください！

STEPPIN' OUT!
DECEMBER 2020
プレゼント応募券

STEPPIN' OUT!®

ステッピンアウト！ DECEMBER 2020 VOLUME 15

EDITOR 堂前 茜 岡田麻美 松坂 愛 多田メラニー 上野綾子

DESIGNER 山本哲郎

PRINTING 株式会社 シナノパブリッシング プレス

STEPPIN' OUT! ステッピンアウト！ DECEMBER 2020 VOLUME 15

2020年10月5日第1刷発行 ISBN 978-4-344-95376-5 C0070 ￥600E

発行：株式会社ブラウンズブックス 〒155-0032 東京都世田谷区代沢 5-32-13-5F

tel.03-6805-2640, fax.03-6805-5681, e-mail mail@brownsbooks.jp

Published by Brown's Books Co., Ltd. 5-32-13-5F Daizawa, Setagaya-ku, TOKYO,JAPAN. Zip 155-0032

発売：株式会社 幻冬舎 〒151-0051 東京都渋谷区千駄ヶ谷 4-9-7 tel.03-5411-6222, fax. 03-5411-6233

©Brown's Books 2020 Printed In Japan 禁・無断転載

しょうか。さらに言うなら、「自身の表現にどれだけ真剣に取り組んでいるか？」が、表現者を名乗れるか否かの基準なのかなと。

―― 趣味で収入が得られるなら、趣味と仕事の定義が曖昧になってきますよね。

山崎「収入を得るための仕事と、本当に好きなことの間に境界線がない」のが、誰しもが理想とするところだと思います。「果たした業務の対価として収入を得て、生活の糧とする」というのがこれまでの一般的な仕事の定義で、「生活のために、やりたくない仕事を割り切ってやり、余暇の時間に好きなことをやる」的なライフスタイルが主流でした。我々も親の世代も、そう教育されてきた感があります。けれど、そうでない生き方、考え方も許容される世の中になってきたのも事実。エンタメの世界で言えば、これまでの「ひとつの商品に対価を払って購入」することが当たり前だった世の中から、かつてなかった「定額制で（動画や音楽などが）見放題、聴き放題で楽しめる」といった課金システムが主流になりつつあります。そうしたビジネス・モデルの台頭と同期するように、「趣味のネタを〈YouTube〉にアップして共感を得て、そこから報酬が発生する」といったことがごく普通に起こりうる時代になってきました。最初から「趣味から収入を得よう」と狙ってやっても現実的にはなかなか難しいですが、まずは、「どれだけ真剣に、自分の好きなこと、テーマに向き合えるか？」ということに尽きると思います。

―― 前号で「どちらも自己表現であるという点では、仕事も（収入の発生しない）野球も同次元」と明言されたことに、ある種の潔さを感じました。野球と仕事の共通点はまだあるでしょうか？

山崎 2019年は『W杯』での日本ラグビーの躍進があり、今年は元来、オリンピック・イヤーでした。そんな中、何かを犠牲にしてでも、目標の達成に向けて真摯に努力するアスリートたちの姿勢が共感を呼ぶ時代の流れはあるのかな？と。図らずも、自分がマジに野球に打ち込むことも今の時代に同期しているように感じ、これまでおこなってきた雑誌作り同様、同時代性があるように感じています。結局のところ、自分のアクティヴィティに「同時代性」がないと熱中しないんだなぁと。もう1点は、「リアクションあればこそ」という点。参加したゲームにおいて相手チームから「ランナー、足速いから警戒！」と言われると至福を感じますし（笑）、自分の盗塁動画をSNSで公開したときにリアクションがあると嬉しくなります。それは読者に届いてナンボの雑誌作りにも通じるところで、「自分がアウトプットしたものが他者からどう受け取られるかが重要」という点が、「仕事も野球も自己表現という意味では同じ次元だ」と思う所以ですよね。

WEEKEND BASEBALL PLAYER

JIRO 26

featuring 山崎二郎 第10回

文　吉里 爽

「自己表現」として、野球に挑む #02

選手とは意識の持ちようであり、トレーニング、節制、思考を真摯に繰り返す「意識」こそが己を選手たらしめるものと定義付け、「週末野球選手」と自称する山崎二郎。現在、54歳。「加齢で真っ先に衰える脚力だが、イチロー選手がおこなう『初動負荷トレーニング』を実践することで、逆に速く走ることはできないだろうか？　盗塁数を毎年更新することはできないだろうか？」をテーマに挑戦を続けている。実際、2016年以降は106、2017年129、2018年は141と記録を更新。2019年は内側じん帯損傷のため一度は戦線離脱するも、復帰後の追い上げにより、4年連続100盗塁を達成。2020年、本稿をまとめている時点での今季成績は、43試合に出場、記録した盗塁数は52。盗塁成功率.881。今号では、前々号での「自己表現として、野球に取り組んでいる」というメッセージの核心に触れてみたい。

―― 6月号で「自己表現として、仕事と同じレヴェルで野球に取り組んでいる」というコメントがありましたが、そもそも「表現者」と名乗れる資格とは何でしょうか？

山崎　ネット環境さえなく、作品を作っても発表するチャンスが少なかった時代に表現者を名乗っても、「おまえ、何もしてないのに、何を言っているの？」と突っ込まれるのがオチでしたが、今は誰もが表現者たりえますよね。SNSでの情報発信が手軽にでき、小学生がYouTuberを目指すような時代ですから。だからこそ、何をもって「表現者」と定義するのかは自身で決めていいのではないでありますので、そちらを反映させた内容も打ち出しています。いわゆる「いいね」欄のようなものがあるのですが、記事をアップし続けていくとその数字も落ちてきました。そこでヒットを出そうと思い投稿したのが、「星野リゾートの倒産確率」という記事。これがもう大ヒットしまして、519いいねがつきました(笑)。コメントもたくさん付きましたし、「久しぶりに〈星野リゾート〉らしい刺激的な内容でした」と社員からは評価をもらいました。

山崎 どういう意図で、このような記事を？

星野 楽しく乗り切りたいと思ったんです。コロナ期を乗り越えさせることが経営者の責任ですけども、現在20代の社員が40、50代になり経営に携わるとなった時に、色々な危機が出てくるはずです。そこで必ず思い出すのがコロナ期だと思います。2020年のコロナ期を同期やメンバーと一緒に乗り越えたというのはとても自信になるし、自分の中での勲章。会社にとっては非常に重要な試練なのです。だからこそ我々の作戦にも共感を持って欲しいし、自分自身がこのコロナ期に普段やっていることと、会社の生存確率を繋げていきたいんですよね。こういったコスト削減をしたことで、パーセンテージに反映されましたというような。こういう意図を持って倒産確率を出していますが、意外と楽しいですよ。記事のサムネイル画像も私が書いているのですが、6月は飛行機が急降下している絵で、会社の倒産確率を表しました（笑)。

山崎（笑）こういったユーモアは、この危機的状況の中でどうやって出てくるのですか？

星野 ユーモアが混ざっている情報の方が、社員は覚えてくれます。そうでないと、どうしても事務的な感じになってしまう。私も情報を得る際は、少し風刺が入っている方が、背景にある真面目な話が刺さることがあって。

山崎 新施設〈星のや沖縄〉の開業が、コロナの影響で7月に延期オープンされました。

星野 かなり長い時間をかけて開発してきた新規案件でしたし、私の中ではとてもこだわりがあり、しっかりと開業したいという気持ちでした。メディアの方たちも4、5月は沖縄に来られなかったので、情報露出もかなり抑えられました。質の良さからすると、中途半端に出すべきものではないくらい素晴らしいのですが。

山崎 施設内で楽しむコンセプトも、奇しくも今にとても合いますね。

星野 コロナに合わせて作ってきたわけではないので、たまたまですけどね。4、5月のダメージは観光産業全体的に大きかったですし、沖縄は特に観光産業への依存度が高いので、景気の落ち込みや、生活も含めて大変な状況になっていましたから。こういう時こそ自治体のトップ、観光も経営者も力量が試されているのだと思います。今は観光市場でいうと、国内を狙っていくしかない。意外と海外旅行に行っていた方達の国内回帰というのが大きいので、ここをいかに掘り起こすか？　マイクロツーリズムはリピーター促進に向いているので、「長期滞在」、「リピーター獲得」というのがキーワードになると考えています。

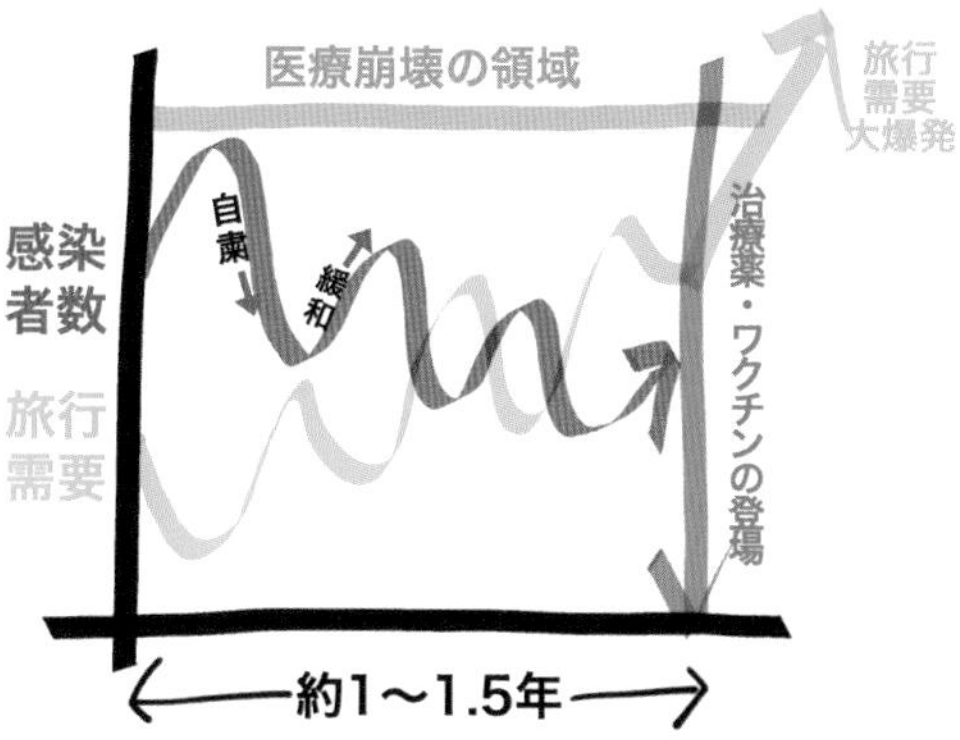

提供：〈星野リゾート〉

がり始めていたので、社内はパニック状態。3月末の小池都知事の会見からどんどんキャンセルが増えていきました。社員はこの時点で会社が潰れるのではという認識だったので、パニックを止めるために手書きの「コロナ新環境」フリップを作成しました。1〜2ヶ月ではなく、18ヶ月くらいのスパンでものを考えて、ワクチンと治療薬ができるのを待とうと。「それまでに生き延びる作戦はこの通りです」ということを提示しました。必ず第2波、第3波が来るけれども、社会はコロナ対策に適応してくるのでアップ・ダウンしながらも感染拡大の防止と経済活動との両立を図るだろうと。

山崎 1.5年の長いスパンで提示されたというのは、スタッフのみなさんにとっても安心感があったのではないでしょうか？

星野 どんなシナリオを描き、どうすれば生き残れるかという作戦を提示していたので、「全員でそこを目指していこう」ということでしたね。危機を乗り越えるベストな方法を共有できたことで、自分のやるべきことがより明確になったといいますか。精一杯トライするしかないという覚悟もつきますし。それから、社員専用のブログで情報を発信していますが、4月2日に「コロナ新環境を生き抜く」という記事をアップしてから、パニックからの脱却を目指していこうという意識が強くなったと思います。

山崎 かなり長文で書かれていますね。

星野 毎回、大体1000字くらいです。「現金を離すな」、「我々は人材を維持し続ける」という約束を書いています。それからブランド力の棚上げ。軽井沢施設の予約状況を発表後、この波に乗ろうという話をしまして。他にも記事では1日あたりの変化や、三密回避の発想、それからすごく大事な「観光の大義」についても。緊急事態宣言が出ている中、弊社は営業を続けるという選択をしましたが、それに対する地元からの批判もありました。スタッフがかなり影響を受けたため、「我々には大義がある。堂々といくのだ。民間の観光事業者としての大義は何か？」という話を書きました。ブログには社員からのフィードバックがコロナ禍で国外はおろか国内の移動も自粛の動きが広がり観光産業が大打撃を受けている中、「マイクロツーリズム」を提唱し独自の危機対策をおこなう〈星野リゾート〉は好調だ。代表の星野佳路は連日メディアに出演、自作のフリップを交えながら自社の業績も包み隠さずに公開していたが、ピンチの局面をいかにして好転させていったのか？　星野の思考に触れるべく、〈星のや東京〉にて話を訊いた。

民間の観光事業者としての大義は何か

山崎 星野代表がメディア出演の際におっしゃっていました「マイクロツーリズム」。先日〈リゾナーレ那須〉に伺い、実践してまいりました（『ステッピンアウト！』10月号に掲載）。

星野 マイクロツーリズム商圏は、県内だけでなく近隣県も含めて行うことで需要が維持できると思っています。〈星のや京都〉も予約の半分は関西圏ですし、本日お越しいただいた〈星のや東京〉も23区内からがほとんど。

山崎 普段は近場ゆえに訪れない場所だからこそ、日常と少し離れた感覚が味わえます。

星野「昔は行ったことがある」という方が多いですが、ここ10年の観光地の進化は凄いので、また行ってみると違った発見があると思っています。インバウンドの観光需要の増加もありましたし、各観光地の魅力はかなり進化しています。

山崎〈リゾナーレ那須〉では、ステイ・ホームで毎日3食家族に食事を作っているお母さんが、オフとして利用されているケースも多いと伺いました。

星野 特に屋外で楽しむ、ピクニック・スタイルの朝食は喜んでいただけています。ただ、冬の時期にはどうやってやろうかなと（笑）。私自身、冬に軽井沢で過ごす際は、こたつに入って外で食事をすることもあります。外気はマイナス10℃ですが（笑）、露天風呂状態で心地よく、この冬はあちこちの施設でやってみようかなと考えています。レストランがどうしても密になってしまいますから――4、5月に一度ビュッフェを中止したのですが、その時のお客様の反応がとてもネガティヴで。家族旅行ですと、子供と大人の食べる量が違ったり、それぞれに好き嫌いもある。旅に来た時くらい好きなものを好きなだけ食べたい、というところで、ビュッフェの存在は満足度に繋がっていたのだと実感しました。ビュッフェを中止してから約1ヶ月後には、スタッフを会場に配置して密を回避したり、安全なビュッフェ・スタイルを作りました。今後もさらに進化が必要です。

山崎 どのくらいの段階で、そういった発想をされていたのでしょうか？

星野 実はこの3月、スキーをしに北海道の旭川へ行っていました。とても良い雪の日があったのですが、普段は観光客や外国人が来ているはずなのに誰もいない。私は無我夢中で滑っていたのですが、「これは深刻な状況なのでは？」と。4月2日に東京に帰ってからすぐに対策を始めました。その頃は予約数が大きく下

星野佳路
(星野リゾート代表)

対話　山崎二郎

コロナ期を同期やメンバーと一緒に乗り越えたというのはとても自信になるし、自分の中での勲章。会社にとっては非常に重要な試練なのです

たです。その中でもスーパーで見つけたアイスランドのヨーグルトは気に入って、朝はずっとヨーグルトを食べていました。お土産にもしたくらい。クリームチーズみたいに濃厚なんです。

山崎 知らない土地のスーパーって、行くだけでも楽しいですよね。日本でも地方のスーパーに行くと、品揃えに驚いたりして。

佐久間 楽しいですよね。私も好きです。

山崎 前回、世界が落ち着いたら、またモロッコに行きたいとおっしゃっていましたが、それ以外で今、興味がある場所はありますか？

佐久間 アフリカの南の方に行ってみたいです。自然と動物がいてくれれば。

山崎 そのセレクトは、またクール・ビューティーなパブリック・イメージと離れた感じで。

佐久間 (笑) ただ今は飛行機に乗れば行けていた、あの非現実的な世界が遠い昔のように感じています。今度、いつ行けるんだろうと。でも不思議とコロナのことがあって、みんなが海外に対しての関心を持ったというか。

山崎 おっしゃるように、国や民族とかが違っても、ここまでどこか１つになるという感覚は初めてのことのように思います。

佐久間 本当に。みんなが同じ状況だったわけで。だからこの数ヶ月、1人ではありましたけど、繋がっている感がすごくありましたね。

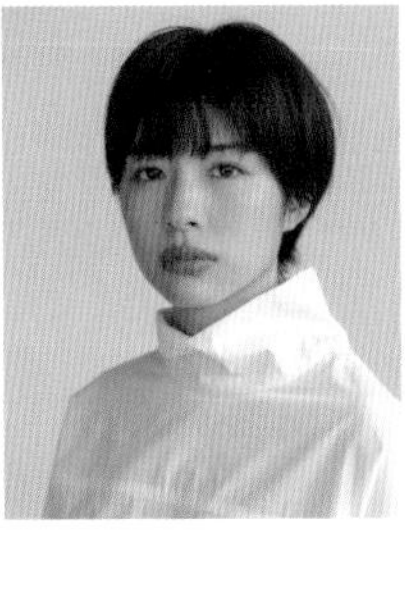

11月よりスタートの〈WOWOW〉オリジナルドラマ『殺意の道程』に出演。初舞台『てにあまる』（演出／柄本 明）が12月19日より〈東京芸術劇場プレイハウス〉にて上演。また、主演映画『君は永遠にそいつらより若い』が2021年に公開。

てきて。ヘトヘトになって帰ってきたんですけど、本当に楽しかったです。

山崎 血だらけながら楽しかったという（笑）。

佐久間 めっちゃ楽しかったです（笑）。だって、そんな体験なかなかできないもん、と思って。ありがとう、馬、という気持ちでした。ただ生きて帰ってこられて良かったです（笑）。次の日は癒されたくて、ブルーラグーンという有名な温泉施設があるんですけど、そこに１人で朝から晩までいましたね。

山崎 今のお話を伺うと楽天性を感じます。

佐久間 プライヴェートは、超楽天家です。なるようになるという。

山崎 だからこそ大変なことが起きても、この経験は貴重だったと思えるんですね。あと、（誌面に掲載の）氷河の写真がまた良いなと。

佐久間 ここは遠くて朝の６時に出発して、片道５時間ほどかけていきました。マイナス５度の中、氷河の近くをうろうろ散歩したり。

山崎 その５時間の移動中は何をされていたのですか？

佐久間 ずっと窓の外を見ていました。全然飽きなくて。瞑想していたのかな（笑）。

山崎 その時は、きっとアルファ波が出ていますよ。アイスランドの食事はどうでしたか？

佐久間 アイスランドの食事は全体的に不思議な味つけが多かったです。ラムスープは安心感がある味だったので、ラムスープばかり食べていましたね。

山崎 淡白な味付けなんですよね。僕もスパイシーな方が好きなので。

佐久間 そうですね。もう少し刺激がほしかっ

ムーヴィリスト、移動への想いを語る Vol.2
featuring ／佐久間由衣

撮影　佐久間由衣　対話　山崎二郎

　遠出がなかなかできない今、移動への想いを語ってもらい、脳内だけでも旅気分を堪能しようという本企画。前号に続きムーヴィリスト気質の持ち主である、佐久間由衣に話を伺った。今回はアイスランド編をお送りする。

生きて帰ってこられて良かったです（笑）

山崎 アイスランドもお１人で？

佐久間 １人です。モロッコより前、去年の６月に行きましたね。シガー・ロスやビョークなどアイスランド出身のミュージシャンが好きで、ずっと行きたかった場所だったんです。向こうに住んでいる日本人の方と繋がれたら良いなと思っていたところ、お世話になっているスタッフさんが観光ブックを書いている方と繋がりを持っていて、紹介してくださったんですよ。そこから翌月くらいに行くと決めて。

山崎 思った時に、というクイックな感じがとてもステキです。

佐久間 何事も熱がある時にやらないといけない、と思っているところがありますね。

山崎 現地では何泊滞在されたのですか？

佐久間 ちょうど一週間。初日は夕方に着いたんですけど、シガー・ロスのイヴェントに行けることになって。普通のライヴではなく、ヨンシー以外のメンバーたちも参加して、シガー・ロスのアルバムを流しながらみんなで歌うというイヴェントで。１階席にいる人たちは、みんな地べたに寝っ転がったりして、天井を見ながらシガー・ロスの曲を合唱するみたいな現象が起きて。ドラムやギターが置いてあるのに演奏はなしで（笑）、本当に不思議な国だなと。すごくステキでした。

山崎 てっきり２部に演奏があるのかと思いましたけど、そうではなく（笑）。貴重な体験ですね。こちらでも乗馬はされましたか？

佐久間 はい。それがすごくアドベンチャーで、生命の危機を初めて感じました（笑）。7、8時間コースだったんですけど、調子に乗っちゃってハイクラスを予約しちゃって。いざ行くと道幅が１メートルあるかないかくらいの崖の山を駆け足で登っていくという。砂利道を走った時も、急な坂で前の馬が蹴った石ころが全部飛んできたり。私、その当時はまだ乗馬を始めたばかりだったのに、いきなりぶっ飛んだことをしちゃって。ヘルメットも飛んでいきましたし、ピアスもなくなりました。手綱も素手で必死に持っていたので血だらけで、足も摩擦で血が出

目的地の観光地を回るだけでなく、飛行機やクルマ、電車、バスなどの移動時間も含めてが旅。むしろ、流れゆく景色を見やりながら、思考を巡らせ、とびっきりのアイデアが浮かぶ移動時間こそ、何より掛け替えのないこと。また、行く前に時間も行程も目的地の情報も全てインプットし、ややもすると、現地では「感じる」でなく「確認」に止まってしまう旅をしがちの昨今。となると、電車の接続の待ち時間や不慮な運行中止などにイラついたりしてしまう。

が、日常の中なら、都市の中なら、ほとんど計算通りに運ぶだろうが、アクシデントや予想つかない出来事に遭遇することこそ、日常を離れた場所に身を置く旅の醍醐味ではないか？　すべてが事前調べの確認に終始したら味気ないではないか？　そこで提唱したいのが、「Movilist（ムーヴィリスト）」という新しい旅のスタイル。先に挙げたように、移動を含めて、いや、むしろ、移動をメインにした旅のスタイル。予期せぬことが起きることをむしろ歓迎する旅のスタイル。「Tourist（ツーリスト）」ならぬ、Move 移動する人で「Movilist（ムーヴィリスト）」。せっかくの非日常なのだから、ひょっとしたら二度と来ることがないかもしれない土地で、思い切り感じていたいではないか？　時には自分と向き合い、気付きを得る瞬間こそ宝物ではないか？

自宅ステイというムーヴィリストにとって厳しい状況から、前号では近場を移動するマイクロツーリズムをおこない、今号では更に移動距離を伸ばしてみた。もちろん三密を徹底的に回避するという前提で。が、ここに来て、目的地、しかも人が集まる観光地、飲食を楽しむのでなく、移動そのもの、そして目的地でも、ステイ先で楽しむというムーヴィリストのスタイルが、今、フィットしているのでは？という指摘を複数いただいた。確かに、その移動を前号、今号と敢行した。そして思う。日常から離れるひとときがあることが、大事なのだと改めて。独りになることが肝要なのだと。まぁ、もともと、人が集まるところは苦手というのはあるのだが。

もう１つ改めての発見は移動先で自転車や、スクーターなんかで回遊する愉しみ。こちらも元々おこなっていたが、今の状況、とても適しているのだと再確認。今、計画しているのは、持ち運べるスクーターがあれば、さらに移動がダイナミックになるのでは？と（自転車はキツいので）。東京でも、都心から近い奥多摩が人気と聞くが、密を逃れてまた密になるのでは意味がない。今こそムーヴィリストの持つ直感に頼りたい。誰もいない何処かへ。暑さが過ぎ、寒くないこの10、11月こそベスト・シーズン。第二の足でもって、大地を駆け巡る。家の近所でも、それはあり。日常から逸脱すること＝ステッピンアウト！するという意識、行為こそ尊いものはない。こんな状況だからこそ、余計リアルに感じるだろう、誰もが。

ムーヴィリストというライフスタイル

第9回

文　山崎二郎　画　早乙女道春

⑱

⑳

星野リゾート　界 加賀

優美な風格が漂う“紅殻格子”を用いた外観をはじめ、館内、客室の至る所に加賀の伝統が息づく〈界 加賀〉。蟹漁解禁となるこれからの季節におすすめなのが、定番の蟹会席コースに新登場の「ひとり蟹会席」（11 月 7 日～ 2021 年 3 月 10 日）。「ミシュランガイド富山・石川（金沢）2016 特別版」でフィーチュアされた「活蟹のしめ縄蒸し」など、蟹を丸ごと一杯ひとりで満喫できる夢のようなプランだ。

石川県加賀市山代温泉 18-47
0570-073-011（界予約センター）
料金／（22,000yen ～）（2 名 1 室利用時 1 名料金）
アクセス／ JR 加賀温泉駅より車で約 10 分、北陸自動車道 加賀 IC より約 15 分
他、詳細は kai-ryokan.jp/kaga まで。

⑬

⑭

⑮

⑯

し和んだ後、〈界 加賀〉入り口に面した〈古総湯〉へ⑱。総湯とは、北陸地方の温泉地にある外湯（共同浴場）のこと。隣には、地元の方々が通う〈総湯〉も⑲。総湯を中心の街並みは、「湯の曲輪（ゆのがわ）」と言われ、ここ山代温泉は、「2012 年度グッドデザイン・地域づくりデザイン賞を受賞」（129 ページ）。いろいろ、観光地を巡らずとも、温泉地にステイし、各湯をはしごする「プチ湯治」なんていうのも、新しい移動スタイルだと開眼。一晩の宿泊なのに、時間がゆっくりと過ぎていくので、とても長く居た気分になりました。なので、金沢駅に戻ったけど⑳、市内には寄らず、そのまま東京へ。三密な状況は一つもない、とても快適な移動が実現できました。〈界 加賀〉では、ひとりでも蟹会席が楽しめるプランが 11 月 7 日よりスタート。また、この地に戻ってきます！

⑨

⑩

⑪

⑫

他の八寸に、お造り、酢の物からなる宝楽盛り⑫。メインの台の物は鮑の若布包み蒸し⑬。締めにのどくろの土鍋ごはん⑭。日本海の豊かな秋の魚介を堪能できるかなりの満足度。ところがまだ終わらない。客室に戻ると、一杯呑りたい気分にぴったりな、鰻の蒲焼、野沢菜漬けなど、全国の〈界〉各施設を象徴する 15 種類のてまり寿司で構成された「ご当地てまり寿司アソート」が届きます⑮。

ひとり部屋飲みこそ、夜、街に出ない、新しい移動＆旅スタイルの愉しみ。が、まだ、夜は続きます。ロビーにて、スタッフによる加賀獅子舞「白銀の舞」が展開⑯。これが、かなりの迫力。伝統芸能を外に出ずに体験できるのも、これまで〈界〉がおこなってきたことだが、今こそ、とても意味あることに。翌朝、まずは温泉に浸かった後、朝食は、石川県の郷土食材を用いた和食膳⑰。しば

⑤

⑥

⑦

⑧

ロビーには、かつては創業寛永元年の老舗旅館〈白銀屋〉があったこの地に逗留した北大路魯山人の書や⑥作品を展示したギャラリーも。客室は「加賀伝統工芸の間」。九谷焼のタイルに、加賀水引を張り合わせた水引障子をフィーチュア⑦。弱アルカリ性でとろりとした美肌温泉は、九谷焼や金沢金箔を使用した内装の大浴場「九谷の湯」や、テラスに温泉露天風呂を備えた客室で堪能⑧。湯上りにオリジナル開発された「至福の湯上がりビール」⑨を客室テラスで夕焼けを眺めて一杯⑩。「料理に無駄な手数をかけるのは愚」と語った魯山人の思想に基づき、素材のよさを引き出した一品を、「器は料理の着物」の語録通り、九谷焼・山中塗の器で提供する会席料理。特別会席では甘海老麹漬けにキャビアライムの先付けに⑪、のどぐろ、松茸の土瓶蒸しに、秋刀魚油煮ずんだ和え

①

②

③

④

ハイ・シーズンでない、人も多くなくゆったりと過ごせ、自分と向き合うことがおこないやすいオフ・シーズンの場所を、移動を含めて提案する大人の男のひとり旅。が、移動が難しくなった今の状況。感染リスクを限りなく回避した新しい移動をおこなってみた。行き先は金沢。醍醐味である、市内での飲食でなく、2つの温泉を移動してみようと。移動手段の北陸新幹線は、出発直前に席状況を確認して、誰もいない車両に①。金沢駅から七尾線に乗り換えて能登半島へ。着いたのは海に面した、1200年代からの由緒ある和倉温泉②。浸かった後は、金沢駅に戻り、北陸本線で加賀温泉へ③。誰もいない車中が快適。4つから成る加賀温泉郷の中で、1300年の歴史を持つ山代温泉へ。宿泊先は〈星野リゾート　界 加賀〉④。圧巻なのが前庭、中庭、茶庭と3つの庭（131ページ&⑤）。

Movilist movin' around Kanazawa

ムーヴィリスト、金沢を往く

撮影＆文　山崎二郎

STEPPIN' OUT!®
presents

Movilist《ムーヴィリスト》®

MODERN STYLE TRAVEL & LIFESTYLE

客注
書店CD：187280　19
コメント：70
受注日付：241204
受注No：118926
ISBN：9784344953765
1／1
71　ココからはがして下さい

9784344953765
1920070006001
ISBN 978-4-344-95376-5
C0070 ¥600E

STEPPIN' OUT!®
DECEMBER 2020 VOLUME 15

定価／(本体 600 円＋税)
発行／株式会社ブラウンズブックス
発売／株式会社 幻冬舎

MAGAZINE FOR A MAN CONTINUE TO CHALLENGE

STEPPIN' OUT!®

挑戦し続ける大人たちへ

JUNE 2021 VOLUME18

江口洋介

きたろう　竹中直人 × 山田孝之 × 齊藤 工
田口トモロヲ × 松重 豊 × 光石 研 × 遠藤憲一　竹野内 豊

揺らいでいるとき。
落ち着かなく、とても不安だ。
早く終わって欲しいと願う。
が、どうだろう？
アイフォンの画面。
どこか触って、アプリが揺れる瞬間。
確かに落ち着かないが、
どこにでも移動できる。
つまり、

画・早乙女道春